Brunches et petits déjeuners en fête

Couverture
- Maquette:
  GAÉTAN FORCILLO
- Photo:
  PIERRE DIONNE

Maquette intérieure
- Conception graphique:
  JEAN-GUY FOURNIER

DISTRIBUTEURS EXCLUSIFS:

- Pour le Canada:
  AGENCE DE DISTRIBUTION POPULAIRE INC.*
  955, rue Amherst, Montréal H2L 3K4 (tél.: 514-523-1182)
  *Filiale de Sogides Ltée

- Pour la France et l'Afrique:
  INTER-FORUM
  13, rue de la Glacière, 75013 Paris (tél.: 570-1180)

- Pour la Belgique, la Suisse, le Portugal, les pays de l'Est:
  S.A. VANDER
  Avenue des Volontaires, 321, 1150 Bruxelles (tél.: 02-762-0662)

Yolande Bergeron

Brunches et petits déjeuners en fête

Collection dirigée par
CLAUDE LECLERC

Bibliothèque nationale du Québec
Dépôt légal — 1er trimestre 1984

ISBN 2-89117-019-9

Mot de l'auteur

C'est avec grand plaisir que je vous offre ce recueil de recettes pour petits déjeuners et brunchs. Je ne voudrais pas vous effrayer par la longue liste de plats qui compose certains menus. Vous choisissez simplement ce qui vous plaît et le tour est joué. Aussi, il est très agréable de "monter" son propre menu, avec des éléments de plusieurs menus suggérés.

J'ai voulu vulgariser certaines recettes qui semblent quelque peu compliquées. Il ne faudrait surtout pas éliminer, par exemple, le Kolibiac à la russe, parce que la préparation semble longue. Il s'agit tout simplement de travailler par étapes et de bien faire sa mise en place.

Ces idées de menus pourront être utilisées pour le lunch ou pour le dîner. Par exemple, le thème des noces à la campagne est sympathique, mais il est très adaptable pour un garden-party en changeant quelques mets.

La préparation d'un livre est l'affaire de l'auteur et de l'éditeur, mais avant tout, il faut des personnes qui croient en vous. Ici, je me permets de remercier Madame Michèle Richard qui m'a suggéré, ou plutôt qui a insisté tant et plus auprès de la maison d'édition, afin qu'on me donne "ma" chance. Et voilà le résultat. Et je compte bien continuer à vous communiquer mon humble bagage de connaissances et de recherches.

De grands remerciements à ma famille, si patiente. À mes amis des chaînes de télévision de Montréal qui m'ont supportée depuis le début de la rédaction du livre. Aux amis à qui je lisais et relisais mes textes, et à tous ceux qui ont fait le sacrifice... de goûter l'échantillonnage de mets pour les besoins... de la cause.

Un grand merci à ma famille "adoptive de coeur" au Mexique, Charlotte, Frédérique, Sophie et Fédérico Schlitter. Merci à mes amis des pays mentionnés dans le livre. Pays où j'ai senti le pouls de ces peuples. À mon grand regret, il m'était impossible d'écrire sur tous les pays visités ou connus, mais l'avenir nous en donnera l'occasion.

Je vous souhaite beaucoup de bonheur et de chaleur autour de vous. Bonne lecture.

Yolande Bergeron

Autour du monde

Le brunch à la canadienne

Comme il est beau mais difficile à la fois d'écrire sur son pays. Décrire l'immensité et la magnificence de ce grand pays rend conscient des valeurs et richesses qu'offre le Canada.

Pays qui touche en ouest à l'Océan Pacifique, traverse les plaines de l'ouest canadien en passant par l'Ontario et le Québec pour aller rencontrer les provinces maritimes à l'Océan Atlantique.

Les provinces de l'ouest nous offrent un héritage ethnique varié, tout comme l'Ontario et son Niagara, le Québec et sa Manicouagan, Terre-Neuve et ses insulaires.

Les paysages de plaines ou de montagnes, de lacs et de rivières, prévalent pour la culture d'aliments très variés, en plus d'offrir un panorama imprenable et inoubliable partout où l'on passe.

Qui ne connaît pas les saumons de la Colombie Britannique ou de la Nouvelle-Écosse, les homards à chair tendre et rosée des provinces Maritimes. Les denrées du Canada se retrouvent sur toutes les tables du monde. La corne d'abondance va d'Est en Ouest et du Nord au Sud.

AU MENU

Le pichet de jus de pommes
Le cidre de pommes chaud et épicé
Le pain-éclair aux lingonnes et noix du Lac Saint-Jean
Le pain aux fruits "Monseigneur" de Terre-Neuve
Les muffins au blé d'Inde de l'Ontario
Le pain santé des plaines de l'ouest canadien
Les oeufs brouillés au saumon fumé de l'Île Victoria
Les oeufs pochés au sirop d'érable du Québec
L'omelette grand-mère
Petit jambon moutarde et marmelade
Les crêpes de pommes de terre du Nouveau-Brunswick
Le gâteau aux pommes panaché
La corbeille de fruits frais variés
Café — thé — chocolat au lait chaud ou froid

Pichet de jus de pommes

Avoir un pichet ou un bol à punch en verre à la portée de la main. Verser le jus de pommes bien frais et ajouter des glaçons. Décorer avec une pelure de pomme découpée en spirale.

Cidre de pommes chaud épicé

Porter presque à ébullition 1 à 2 litres de cidre, 1 bâton de cannelle, une pelure de pomme découpée en spirale piquée de 1 ou quelques clous de girofle et quelques râpures de muscade fraîche. Retirer du feu et laisser infuser à découvert pendant 15 minutes. Servir chaud.

(Utiliser de préférence une cocotte en fonte émaillée ou une casserole en acier inoxydable.)

Pain-éclair aux lingonnes
et aux noix du Lac St-Jean

Dans la région du Lac St-Jean, au Québec, on nomme les atocas ou canneberges lingonnes à juste titre, car elles sont identiques aux lingonnes de Suède.

2 1/2 tasses de farine tout-usage
1 c à thé de bicarbonate de soude (soda)
1 c à thé de poudre à lever chimique
1 tasse de sucre blanc
1/2 c à thé de sel
1 tasse de dattes hachées
1 tasse de canneberges OU lingonnes fraîches OU surgelées
*1 tasse de noix de grenoble OU de pacanes hachées grossiè-
rement*
zeste de 1 orange
2 oeufs légèrement battus
*1 tasse de babeurre (buttermilk OU faire surir 1 tasse de lait
doux et 1 cuillerée à soupe de vinaigre blanc)*
3/4 tasse de beurre fondu OU d'huile végétale

Dans un grand bol à mélanger, déposer les ingrédients secs, les dattes hachées, les noix ou les pacanes, les canneberges et le zeste d'orange. Bien enfariner les fruits et les noix. Battre les oeufs avec le babeurre ou le lait suri et l'huile végétale. Incorporer les liquides aux ingrédients secs sans trop brasser la pâte. Verser la préparation dans un moule à pain graissé de 9 x 5 x 3 po. Cuire au four à 325°F pendant environ 1 heure ou jusqu'à ce que le pain soit bien cuit.

N.B.: Laisser le pain dans le moule et couvrir avec le mélange suivant: le jus d'une orange additionné de 2 cuillerées à thé de sucre.

Règles générales pour réussir les pains-éclairs, les pains à la poudre à pâte ou à la pâte à lever chimique:

Préparer tous les ingrédients secs, les fruits et les noix dans un bol. Battre ensuite les oeufs avec les ingrédients liquides et le corps gras fondu. Au moment d'incorporer le liquide aux ingrédients secs, il ne faut jamais trop brasser la pâte afin qu'elle ne perde pas sa consistance moelleuse.

Pain aux fruits "Monseigneur" de Terre-Neuve

Le pain de Monseigneur est le cake que l'on servait lors de la visite paroissiale du pasteur anglican ou catholique. Maintenant ce pain se déguste à maintes occasions, spécialement au petit déjeuner, pour la collation et à l'heure du thé.

2 tasses de farine tout-usage
3 1/2 c à thé de poudre à lever chimique
1/2 c à thé de sel
3/4 tasse de sucre
1 tranche d'ananas confit en dés
1/4 tasse de raisins secs Sultana
1/2 tasse de cerises (moitié confites et l'autre moitié cerises au marasquin)
1/2 tasse de brisures de chocolat noir mi-amer
1/2 tasse de noix hachées
2 gros oeufs légèrement battus
1 tasse de lait
4 c à soupe de beurre fondu

Dans un bol à mélanger, déposer tous les ingrédients secs, les fruits confits, les noix, les brisures de chocolat et les raisins secs. Battre les oeufs avec le lait et le beurre fondu. Incorporer le liquide aux ingrédients secs. Verser la pâte dans un moule légèrement enfariné. Laisser lever le pain 20 minutes avant de le placer au four. Cuire au four à 350°F pendant environ 1 heure. Démouler et laisser refroidir sur une grille à gâteaux. Recouvrir de papier aluminium ou de pellicule de plastique. Laisser reposer le pain au moins 24 heures avant de le servir.

Muffins au blé d'Inde ou au maïs de l'Ontario

Ces muffins peuvent se déguster à toute heure de la journée ou aux repas. Ils sont particulièrement pratiques pour le déjeuner express au travail, accompagnés de fromage, de crudités et de fruits frais, et d'un breuvage chaud. Et voilà un repas rapide et complet!

Recette naturiste: Ajouter 3 c à soupe de germe de blé naturel à 3 c à soupe de son naturel et retirer 2 c à soupe de farine. On peut facilement remplacer la farine tout-usage par la farine de blé entier.

1/2 tasse de sucre
1/4 tasse de beurre OU de margarine
1 gros oeuf
1 tasse de maïs OU de blé d'Inde réduit en purée
2 tasses de farine tout-usage
1 c à soupe de poudre à lever chimique
1/2 c à thé de sel

Réduire le beurre et le sucre en crème. Ajouter l'oeuf et battre. Incorporer le maïs en purée. Verser les ingrédients secs d'un trait sans trop battre le mélange. Verser la préparation dans des moules à muffins graissés en les remplissant aux trois quarts. Cuire dans un four préchauffé à 400°F pendant environ 30 minutes.

N.B.: Ces muffins, à cause de leur haute teneur en humidité, cuisent plus lentement que des muffins ordinaires.

Pain santé des plaines de l'ouest canadien

2 c à soupe de levure sèche active à pain
1 tasse d'eau chaude (110°F)
1 c à thé de sucre
4 tasses de lait bouillant
1/3 de tasse de miel
1/3 de tasse de mélasse noire
2 c à soupe de sel
2/3 de tasse d'huile végétale
3 gros oeufs battus
1 tasse de semoule de maïs (cornmeal)
1 tasse de flocons d'avoine
1 tasse de germe de blé
1 tasse de graines de tournesol décortiquées,
entières ou moulues
2 tasses de farine de seigle
4 tasses de farine de blé entier
2 tasses de farine tout-usage

Faire gonfler la levure dans l'eau chaude additionnée de 1 cuillerée à thé de sucre dans une tasse à mesurer de plastique ou de verre pendant 10 minutes. Ajouter le miel, la mélasse, l'huile végétale et le sel au lait bouillant. Laisser tiédir et incorporer les oeufs et la levure en battant. Incorporer la semoule de maïs. Bien mélanger. Incorporer ensuite tous les autres ingrédients en mélangeant bien avec une cuillère de bois après chaque addition. Lorsque la pâte commence à devenir trop épaisse, la déposer sur une surface de travail et la pétrir pendant 15 minutes en ajoutant le restant de la farine jusqu'à l'obtention d'une pâte non collante. Déposer la pâte dans un bol et recouvrir d'un linge. Laisser gonfler jusqu'à ce qu'elle atteigne le double de son volume initial. Abaisser la pâte avec le poing et couper en 4 morceaux. Former des pains individuels et déposer dans des moules à pain rectangulaires de 9 x 5 x 3 po bien beurrés. Recouvrir d'un linge et laisser gonfler jusqu'à ce que la pâte recouvre légèrement le bord des moules. Cuire au four à 400°F pendant 15 minutes, réduire la chaleur à 350°F et cuire 45 minutes de plus ou jusqu'à ce que les pains soient bien dorés. Démouler et laisser refroidir sur une grille à gâteaux.

Les oeufs brouillés au saumon fumé de l'Île de Victoria

4 gros oeufs légèrement battus
1 c à soupe de beurre en dés
4 c à soupe de crème
3 tranches de saumon fumé, coupées en lamelles
1 oignon vert émincé (échalote verte)
poivre, fraîchement moulu

Battre très légèrement les oeufs. Ajouter les petits morceaux de beurre, la crème, le saumon fumé et le poivre. Dans un poêlon de 6 à 7 po de diamètre à revêtement anti-adhésif, faire fondre 1 cuillerée à soupe comble de beurre (doux de préférence). Lorsqu'il est mousseux sans être coloré, ajouter le mélange à base d'oeufs et de saumon. Brouiller les oeufs sans trop les laisser cuire en les touillant avec une cuillère de bois. Garnir avec l'oignon vert émincé. Servir sur des toasts bien secs ou dans de petites brioches évidées qui ont été préalablement réchauffées au four. Saler les oeufs après la cuisson car le sel affecte leur consistance en les rendant plus durs.

Les oeufs pochés au sirop d'érable du Québec

1 tasse de sirop d'érable ou plus
3 à 4 oeufs frais entiers

Dans une casserole ou un poêlon de grosseur moyenne, laisser chauffer le sirop jusqu'à ébullition moyenne. Dans un petit bol, casser les oeufs, un à un, en les laissant glisser tour à tour dans le sirop en ébullition. Les oeufs doivent rester mollets et bien séparés les uns des autres. Servir avec du pain de campagne ou du pain rôti. Il est presque indispensable de servir ces oeufs avec du jambon cuit à la poêle ou du bacon de dos canadien.

L'omelette grand-mère

4 tranches de bacon fumé
1 oignon moyen émincé
2 pommes de terre crues coupées en dés
sel, poivre, pincée de muscade ou de sarriette
8 à 10 oeufs légèrement battus
6 c à soupe d'eau OU de lait

Dans un grand poêlon en fonte de 10 à 12 po de diamètre, faire fondre et rissoler les tranches de bacon coupées en morceaux. Ajouter les dés de pomme de terre crus, l'oignon émincé, le sel, le poivre, la muscade ou la sarriette. Couvrir et cuire jusqu'à ce que les pommes de terre soient tendres. Bien râcler le fond du poêlon et verser les oeufs qui ont été battus avec l'eau ou le lait. Remuer très doucement avec une cuillère de bois sans toutefois brouiller les oeufs. Couvrir pendant 5 à 8 minutes et cuire jusqu'à ce que l'omelette soit bien gonflée et moelleuse. Retirer du feu, renverser sur une assiette de service placée sur le poêlon. Couper en pointes. Servir chaud, tiède ou froid.

N.B.: Cette omelette, coupée en petits morceaux ou cubes froids, est délicieuse à l'heure du cocktail ou de la collation.

Petit jambon moutarde et marmelade

Petit jambon en conserve OU jambon précuit

1 tasse de marmelade d'orange OU d'ananas
2 c à soupe de moutarde de Dijon
2 c à soupe de moutarde canadienne préparée
1 c à soupe de vinaigre blanc OU de cidre
quelques clous de girofle entiers

Faire des petites incisions en pointes de diamants à la surface du jambon. Piquer la chair de clous de girofle et badigeonner avec un mélange de marmelade, de moutarde et de vinaigre. Cuire dans un four préchauffé à 375°F jusqu'à ce que le jambon soit bien chaud tout en étant glacé par la sauce aigre-douce. Servir en tranches chaudes.

N.B.: Ce jambon accompagne merveilleusement l'omelette nature, l'omelette grand-mère, les oeufs brouillés ou sur le plat.

Crêpes de pommes de terre du Nouveau-Brunswick

Desserte de purée de pommes de terre (environ 2 à 3 tasses)
1 petit oignon finement émincé OU oignon vert émincé
1 oeuf
Poivre, sel, et pincée de muscade, au goût
3 c à soupe de farine tout-usage, ou plus au besoin

Bien malaxer la purée de pommes de terre, l'oeuf, l'oignon, le sel, le poivre et la muscade. Ajouter la farine pour obtenir un mélange assez consistant. Faire fondre quelques cuillerées de beurre (ou moitié beurre, moitié graisse) dans un poêlon. Verser la pâte, par cuillerées, et cuire jusqu'à ce qu'elles soient bien dorées d'un côté. Retourner avec une spatule et dorer de l'autre côté. Servir les crêpes natures ou avec une sauce ou une compote de pommes fraîches.

Gâteau aux pommes panaché

Moule tubulaire de 10 po OU Moule de 13 x 9 x 3 po
1 1/4 tasse d'huile végétale
2 tasses de sucre
1 c à thé de bicarbonate de soude (soda), sel, essence de vanille
1/2 c à thé de cannelle
1/4 c à thé de muscade râpée
1/4 c à thé de coriandre et cardamome moulues (facultatif)
3 tasses de farine tout-usage
1 tasse de raisins secs
1 tasse de pacanes OU de noix de grenoble hachées grossièrement
3 tasses de pommes coupées en dés

Tamiser la farine, le bicarbonate de soude, le sel et les épices. Prélever 1/2 tasse de cette farine pour enrober les pommes, les noix et les raisins secs. (On peut aussi ajouter 6 à 8 dattes coupées en morceaux.) Émulsionner les oeufs avec le sucre et l'huile végétale. Ajouter l'essence de vanille. Incorporer le mélange à base de farine. Battre et incorporer les pommes, les dattes, les noix et les raisins enfarinés. Le mélange doit être très consistant. Verser dans un moule BUNDT, tubulaire ou rectangulaire. Cuire au four à 350°F pendant environ 1 heure et 20 minutes si on utilise un moule tubulaire, et 45 à 50 minutes si on utilise un moule rectangulaire. (Réduire la chaleur à 325°F si on utilise un pyrex.) Lorsque le gâteau est cuit, le sortir du four et le laisser dans le moule pour le glacer.

Glaçage

Dans une petite casserole, faire fondre 3 cuillerées à soupe de beurre, 1 tasse de cassonade ou de sucre brun, 1/4 tasse de lait, 1 pincée de sel et 1 cuillerée à thé d'essence de vanille. Porter à ébullition et laisser mijoter 3 minutes. Piquer le gâteau avec une fourchette ou un pic en bambou. Verser le glaçage encore chaud sur le gâteau. Laisser refroidir. Démouler, si on a un moule tubulaire, ou servir en petits carrés si on a un moule rectangulaire.

Le brunch aux États-Unis

Le brunch à l'américaine est des plus agréables à offrir, car il reflète la variété des coutumes alimentaires des nombreuses ethnies en ce pays.

La présentation du brunch se fait sur une longue table habillée d'une nappe à carreaux et prend l'allure d'une fête champêtre ou d'un pique-nique joyeux. On dispose à la mêlée un étalage gargantuesque de mets variés. On marie souvent l'aigre-doux aux aliments. Le ketchup aux tomates est une sauce omni-présente sur beaucoup de tables américaines; on l'utilise même au petit déjeuner avec les oeufs sur le plat.

Les viandes sont succulentes et souvent apprêtées au bar-becue. L'américain est friand de sucre, de chocolat et de glaces à tous les parfums. Des gâteaux de toutes sortes, des pies ou tartes aux fruits et baies variées, des doughnuts ou beignes font partie du quotidien.

Les eaux gazeuses sont à l'honneur. Le café moelleux est servi à toute heure et le thé glacé au citron rafraîchit en été.

Les fruits sont en abondance sur les tables, variés et suc-culents.

AU MENU

Les pichets de jus d'orange — jus de pommes — jus de canneberges

Les hotcakes ou crêpes à l'américaine

Le sirop aux bleuets du Maine

Le sirop aux "cotons" de blé d'Inde du Dakota Nord

L'omelette de rondelles (pennies) de saucisses Frankfort OU Wieners

Les oeufs frits au gras de bacon

Les tranches de bacon fumé croustillantes, poêlées

Le jambon à l'ananas "Express"

Les médaillons de chair à saucisse dorés

Les hash brown potatoes (pommes de terre rissolées)

La salade de chou à la vinaigrette à la crème

Les petits pains minute au babeurre de la Pennsylvanie

Le Johnny cake à la semoule de blé d'Inde de l'Oklahoma

Les cinnamon toasts ou toasts à la cannelle

Le coffe-cake aux bleuets de Boston

Le café Kona glacé d'Hawaii

Hotcakes ou crêpes à l'américaine

2 tasses de farine tout-usage
1 c à thé de sel
2 c à soupe de sucre
2 c à thé de poudre à lever chimique
1 c à thé de bicarbonate de soude (soda)
2 oeufs très gros OU 3 oeufs moyens
1 1/2 à 2 tasses de babeurre (buttermilk)
3 c à soupe de beurre fondu

Déposer les ingrédients secs dans un bol à mélanger. Creuser un puits au centre et verser les oeufs battus, le babeurre et le beurre fondu. Bien battre jusqu'à consistance homogène et crémeuse. Utiliser immédiatement ou laisser reposer la pâte pendant 1 heure. Chauffer une plaque à crêpes jusqu'à ce qu'une gouttelette d'eau échappée à la surface danse ou sèche. Utiliser une chaleur moyenne. Graisser ou beurrer la plaque avec un pinceau. Déposer 2 cuillerées à soupe de pâte à crêpes à la fois et cuire jusqu'à ce que des petites bulles crèvent en surface. Retourner et cuire quelques secondes. Servir immédiatement.

Méthode: Surgeler et griller plus tard

Lorsque les hotcakes sont cuits, les envelopper et les surgeler. Au besoin, sortir du congélateur et griller ou réchauffer dans un grille-pain comme une tranche de pain ordinaire.

N.B.: On peut ajouter une touche plus nutritive à cette recette en y ajoutant 2 à 3 c à soupe de germe de blé et 2 c à soupe de son naturel.

On peut aussi ajouter des bleuets frais ou surgelés, des tranches de banane ou une purée de papaye par exemple. Cuire de la même façon.

Sirop aux bleuets du Maine

1 tasse de sucre
2 tasses d'eau
pincée de sel
jus de 1/2 citron
1 tasse de bleuets ou plus, frais ou surgelés

Porter l'eau, le sucre et le sel à ébullition. Laisser mijoter pendant 5 minutes. Verser le jus de citron en petits filets et ajouter les bleuets. Cuire jusqu'à ce que les petits fruits soient chauds. Écraser les bleuets contre les parois de la casserole avec une cuillère de bois. (On peut aussi ajouter 1/2 tasse de bleuets écrasés ou réduits en purée pour donner de la couleur au sirop.) Servir la sauce telle quelle ou l'épaissir avec 2 cuillerées à thé de fécule de maïs délayées dans 1/4 tasse d'eau froide. Laisser la sauce atteindre son point d'ébullition et servir.

1 c à thé de moutarde préparée canadienne OU américaine
1 c à thé de moutarde de Dijon
1/2 c à thé de moutarde anglaise sèche
1 c à thé de sucre
1/2 c à thé de paprika doux de type hongrois
sel et au moins 8 à 10 tours de moulin de poivre
4 c à soupe de vinaigre blanc OU de vin blanc à l'estragon
6 c à soupe d'huile végétale
1/4 de tasse OU 3 à 4 c à soupe de crème épaisse douce

Bien agiter le tout dans le bocal fermé. Verser sur le chou émincé. Rafraîchir la salade de chou au moins 4 à 6 heures d'avance OU préparer la veille.

Sirop aux "cotons de blé d'Inde" du Dakota nord

Les "cotons" de blé d'Inde sont les épis de maïs débarrassés de leurs grains.

Égrener 6 petits épis de maïs ou 4 gros. Cuire les épis égrenés dans 6 tasses d'eau ou suffisamment pour les recouvrir. Porter à ébullition et laisser le liquide réduire de moitié. Filtrer. Mesurer le liquide réduit et ajouter la même quantité de sucre. Porter à ébullition et cuire sur feu moyen jusqu'à l'obtention d'un beau sirop de maïs doré. Servir chaud immédiatement ou laisser refroidir et verser dans des bocaux à couvercle. Fermer hermétiquement et réfrigérer. Ce sirop peut être conservé au réfrigérateur pendant au moins 6 mois.

Omelette de rondelles (Pennies)
de saucisses Frankfort ou Wieners

4 saucisses à hot-dog OU Wieners allemands, coupés
en rondelles
2 c à soupe de gras de bacon
8 oeufs légèrements battus
1/2 tasse de lait OU d'eau

Dans un poêlon en fonte noire de 10 po, faire chauffer le gras de bacon et y faire revenir les rondelles de saucisses. Verser les oeufs et le lait battus. Poivrer et remuer l'omelette avec une cuillère de bois pour la feuilleter. Laisser cuire quelques minutes. (En général, les Américains aiment les omelettes bien cuites.) Couper l'omelette en pointes et servir avec du persil haché ou de la salade de chou arrosée de vinaigrette à la crème.

Oeufs frits au gras de bacon

Recette très connue mais pas toujours réussie.

Casser un oeuf à la fois dans un petit bol et le laisser glisser dans le gras de bacon chaud et blond. Répéter la même opération avec tous les oeufs. Frire et, lorsque les oeufs sont cuits à moitié, recouvrir chacun avec 1 cuillerée à soupe de gras de bacon.

Tranches de bacon fumé croustillantes poêlées

Piquer les tranches de bacon avec une fourchette pour les empêcher de rouler. Déposer dans un poêlon froid. Cuire sur feu moyen jusqu'à ce qu'elles soient croustillantes et dorées. (Attention! le bacon fumé a tendance à brûler.) Égoutter les tranches de bacon sur du papier essuie-tout. Servir immédiatement ou déposer au four à 150 ou 200°F pendant quelques minutes.

Jambon à l'ananas "express"

1 petit jambon en conserve OU précuit (3 à 4 livres)
Ou 1 steak de jambon 1 1/2 à 2 pouces d'épaisseur
1 1/2 tasse d'ananas broyés, frais OU en conserve
2 c à thé de moutarde sèche anglaise
1/2 tasse de mélasse
jus de 1 orange OU 4 c à soupe de jus d'ananas OU d'eau
Pointe de clou de girofle moulu

Déposer le petit jambon ou le steak de jambon dans un plat à four. Couvrir avec le mélange d'ananas, de mélasse et de moutarde. Cuire au four jusqu'à ce que la viande soit chaude et le dessus caramélisé. Servir immédiatement.

N.B.: Cette recette est excellente pour le barbecue. Il faut toujours trancher un petit jambon précuit ou un steak de jambon en biais.

Médaillons dorés de chair à saucisse

On peut se procurer des rouleaux de chair à saucisse, mais la préparation maison surpasse de beaucoup en saveur.

1 livre de porc haché
4 onces de lard gras haché OU en menus dés
2 tranches de pain déchiquetées
1 oignon moyen
1 pointe d'ail
3/4 de tasse d'eau froide
Pincées de: sauge sèche moulue, toute-épice (allspice)
coriandre moulue, sel, poivre du moulin

Avec le mélangeur électrique ou le robot culinaire, broyer le pain, l'oignon, l'eau, l'ail, les épices, la sauge, le sel et les grains de poivre. Verser sur le porc haché et le lard. Bien mélanger avec les mains pour obtenir une masse légère mais consistante. Façonner en rouleaux de 2 à 3 po de diamètre. Refroidir et couper en médaillons ou en tranches de 1/2 à 3/4 po d'épaisseur. Déposer dans un poêlon froid et dorer sur feu moyen. Servir les médaillons natures ou à l'américaine en les nappant de moutarde ou de catsup.

Hash brown potatoes ou hachis de pommes de terre rissolées

Écraser un restant de pommes de terre ou de purée de pommes de terre avec une fourchette. Faire revenir un petit oignon dans 3 cuillerées à soupe de matière grasse. Ajouter les pommes de terre écrasées. Bien mélanger. Ajouter 1 cuillerée à soupe de vinaigre blanc pour que la galette de pommes de terre soit croûtée. Rôtir sur feu doux jusqu'à ce qu'un côté soit bien croûté. Un côté de la galette est croûté alors que l'autre est blanc.

Salade de chou à la vinaigrette
à la crème

Émincer un chou moyen et un oignon. Ébouillanter 30 secondes. Égoutter. Saler généreusement.

Vinaigrette à la crème:

Dans un pot de verre, déposer:
1 pointe d'ail émincée
1 c à thé de moutarde préparée canadienne OU américaine
1 c à thé de moutarde de Dijon
1/2 c à thé de moutarde anglaise sèche
1 c à thé de sucre
1/2 c à thé de paprika doux de type hongrois
sel et au moins 8 à 10 tours de moulin à poivre
4 c à soupe de vinaigre blanc OU de vin blanc à l'estragon
6 c à soupe d'huile végétale
1/4 de tasse OU 3 à 4 c à soupe de crème épaisse douce

Bien agiter le tout dans le bocal fermé. Verser sur le chou éminçé. Rafraîchir la salade de chou au moins 4 à 6 heures d'avance OU préparer la veille.

Petits pains minute au babeurre de la Pennsylvanie

Ces petits pains exquis et faciles à préparer peuvent être dégustés à l'heure du petit déjeuner, brunch, repas du soir ou pour le thé.

2 tasses de farine tout-usage
1 c à thé de bicarbonate de soude (soda)
2 c à thé de poudre à lever chimique
1/2 c à thé de sel
2 c à soupe de sucre OU moins au goût
1/3 tasse de beurre
3/4 de tasse de babeurre (buttermilk)

Mélanger les ingrédients secs ensemble. Couper le beurre froid à la main ou avec le robot culinaire. Verser le babeurre d'un trait et former une boule de pâte élastique. Pétrir légèrement sur une surface enfarinée ou fraiser en passant la boule de pâte dans un peu de farine pour qu'elle ne soit plus collante. Abaisser la pâte pour obtenir un carré d'environ 10 à 12 po. Couper des carrés dans un seul mouvement de la main (le mouvement avant-arrière empêche les pains de lever). Couper en 9, 12 ou 16 petits pains. Déposer sur une plaque à biscuits non graissée mais légèrement enfarinée. Cuire dans un four préchauffé à 400 ou 415°F pendant environ 12 minutes. Servir chauds, tièdes ou froids la journée même.

Le Johnny cake à la semoule de blé d'Inde de l'Oklahoma

3/4 tasse de semoule de maïs (cornmeal)
1 tasse de farine tout-usage
1 c à thé de sel
2 c à thé de poudre à lever chimique
1 c à thé de bicarbonate de soude (soda)
1/4 tasse de sucre
2 oeufs
1/2 tasse de lait
1/4 tasse de beurre fondu

Déposer les ingrédients secs dans un bol à mélanger. Creuser un puits au centre. Battre les oeufs avec le lait et le beurre fondu. Verser les ingrédients liquides d'un trait dans les ingrédients secs. Brasser sans trop mélanger. Verser la pâte dans un moule carré graissé de 8 po. (Il est préférable de graisser le moule avec du gras de cuisson de bacon fumé.) Cuire au four à 400°F pendant 25 minutes ou jusqu'à ce que le gâteau soit cuit et doré. Servir chaud ou tiède en carrés avec du beurre salé ou du beurre à la cannelle.

Les cinnamon toasts
ou toasts à la cannelle

Préparation du beurre à la cannelle:

Bien mélanger 1/4 tasse de beurre salé ou doux, 2 cuillerées à soupe de miel OU de sucre brun OU de cassonade et 1 cuillerée à thé de cannelle (ou moins, au goût).

1ère version:

Griller des tranches de pain sur un côté et tartiner avec du beurre à la cannelle. Passer sous le gril pendant quelques secondes ou jusqu'à ce qu'elles soient bien chaudes.

2e version:

Enduire des toasts de beurre à la cannelle. Couper en bâtonnets et saupoudrer de sucre à glacer, si désiré.

3e version:

Beurrer des tranches de pain natures. Déposer sur une tôle à biscuits et passer au four chaud jusqu'à ce qu'elles soient bien chaudes, croquantes et odorantes.

Le coffee-cake aux bleuets de Boston

Ce cake qui se déguste avec un bon café peut se préparer avec des myrtilles ou des bleuets, des canneberges fraîches ou surgelées, des fraises et des petits fruits de saison, aussi avec de minces tranches de pommes acides.

1/2 tasse de beurre ou margarine
1/2 tasse de sucre
2 oeufs battus
1 3/4 tasse de farine tout-usage
3 c à thé de sel
3 c à thé de poudre à lever chimique
1/2 c à thé de sel
1 tasse de lait
1 c à thé d'essence de vanille (facultatif)
2/3 à 1 tasse de bleuets
1/4 tasse de farine pour les enrober
1/4 tasse de cassonade ou sucre brun
1/2 à 1 c à thé de cannelle

Battre le beurre et le sucre, ajouter les oeufs et battre encore une fois. Mesurer les ingrédients secs et les incorporer au premier mélange en alternant avec le lait et l'essence de vanille. Incorporer les bleuets enfarinés en ne mélangeant pas trop. (Les ingrédients doivent être délicatement amalgamés, sans plus.) Verser la pâte dans un moule carré de 8 ou 9 po graissé et légèrement enfariné. Saupoudrer de cannelle et de cassonade. Cuire au four à 350°F pendant environ 30 minutes ou jusqu'à ce que le dessert soit cuit. La pâte ne doit pas être collante au centre mais le cake ne doit pas être trop cuit. Couper en carrés dans le moule ou démouler sur une assiette en déposant immédiatement une grille à pâtisserie sur le cake et en le reversant de manière à ce que le dessus repose sur la grille.

Le café kona glacé d'Hawaii

Présenter le café dans un grand pichet rafraîchi ou bien glacé et servir dans des verres de 12 à 14 onces.

Dans le contenant du mélangeur électrique, déposer:

2 1/2 tasses de café kona bien fort et froid
6 glaçons
3 grosses cuillerées de glace à la noix de coco
OU de glace à la vanille mélangée avec de l'essence de noix de coco

Réduire en mousse onctueuse et verser dans le pichet. Placer au congélateur ou au réfrigérateur pendant au moins quelques heures. Répéter l'opération jusqu'à ce que le pichet soit rempli. Servir dans des verres contenant quelques glaçons. Garnir d'un bouquet de menthe fraîche ou d'un hibiscus.

VIVA MEXICO!

Le Mexique! Pays qui ne laisse personne indifférent. Pays où les contrastes choquent le touriste qui s'y risque pour la première fois. C'est le dépaysement total.

Pays aux mille facettes, qui offre tout à la fois: le désert, le froid des hauts plateaux mais aussi des terres généreuses, la douce chaleur des tropiques, une végétation luxuriante et excessive, des profusions de denrées telles que les poissons, les crustacés, les fruits gorgés de soleil.

Le Mexique, pays où les habitants reflètent les paradoxes de l'environnement. On danse, on s'amuse ferme, on rit et, aussi, on souffre, on pleure, on chahute avec autant de fièvre.

C'est à table que la famille resserre ses liens et se retrouve. Sa table peut être humble ou fastueuse, mais toujours pourvue d'ingéniosité.

Le petit déjeuner se prend souvent à la sauvette, mais presque à tous les coins de rues des grandes villes ou des petits pueblos, on retrouve des vendeurs ambulants qui, dès 3 heures du matin, vendent de la soupe aux tripes, le "menudo" qui ramène les esprits des fêtards ou la soupe qui, dit-on, guérit de l'anémie. Dès 4 ou 5 heures apparaissent les vendeurs de jus d'orange et de fruits frais. Dès 7 heures arrivent les vendeurs de "churros" ou de beignets frits et relevés de sucre à la cannelle. Chacun a sa clientèle fidèle à qui on procure des attentions personnelles.

Vers 10:00 heures on collationne et tous les premiers vendeurs s'étant évanouis comme par enchantement, d'autres prennent la relève et procurent les "antojitos" ou bouchées telles que les tacos, empanadas, etc., cuites sur des brasiers portatifs.

À 14:00 heures, c'est l'heure de la comida jusqu'à 16:00 heures. Le repas est copieux et souvent composé de quatre, cinq et même six services.

De 18:00 à 20:00, l'heure de la "mérienda" ou goûter léger composé de pains doux et de café ou "d'atole", breuvage à base de fécule de maïs ou de "masa", pâte à tortilla non cuite additionnée de lait, sucre, essence de vanille ou de fraises. Le thé ou l'infusion à la cannelle réconforte souvent les plus démunis.

20:00 à 22:00, l'heure de la "cena" ou souper semblable à la comida mais plus léger.

Je vous présente un compromis entre l'armuerzo ou collation du matin et la comida. Un brunch que l'on retrouve le dimanche ou les jours de fête quand la famille a le loisir de se réunir.

Petit déjeuner ou petit brunch
à la mexicaine (1ère version)

Jus de fruits frais
L'assiette de fruits frais du pays
Huevos revueltos à la Mexicana (oeufs brouillés à la Mexicaine)
Tortillas de harina nortenas (tortillas de farine de blé du nord)
Frijoles de olla (haricots rouges cocotte)
Frijoles refritos (purée de haricots rouges frits)
Bolillos (petits pains croûtés mexicains)
Café au lait à la cannelle

Brunch à la mexicaine (2ème version)

Pichet de jus d'orange
Punch aux fruits "conga"
Horchata de semillas de melon (eau de graines de cantaloup)
Grand plateau de fruits frais, surmontés d'un ananas panaché
Huevos rancheros (oeufs à la mode du fermier)
Les trois sauces tomatées à la mexicaine
Sabana de carne de cerdo con huevos estilo Nayarit (Edredon de porc et oeufs au style de l'état de Nayarit)
Molletes de camotes (dessert de patates douces caramélisées)
Panque de cafe con canela (quatre-quart au café et à la cannelle)
Cafe con leche (café au lait à la cannelle)
Cafe de Olla (café préparé en vrac à la cannelle et au sucre roux)

Frijoles de olla (haricots rouges en cocotte)

Les haricots secs sont préparés tous les jours pour les besoins quotidiens. On utilise plusieurs variétés de haricots, bayo, gordo, etc., mais universellement on peut copier la recette avantageusement avec des haricots rognons rouges (red kidney beans). Les haricots se préparent à l'eau ou au bouillon de viande avec une petite pièce de boeuf ou de porc que l'on mange déchiquetée dans les haricots ou jus, comme une soupe. Mais les frijoles de olla sont la base des fameux haricots frits (frijoles refritos) que l'on retrouve en garniture avec presque tous les plats et ce du matin à partir du petit déjeuner avec les oeufs, en accompagnement des antojitos ou à la préparation de ces derniers ou pour accompagner les viandes comme par exemple un plat typique et mon préféré... la Carne Assada à la Tampiquena.

1 livre, ou plus au besoin, de haricots rognons rouges OU haricots noirs
Eau pour couvrir
feuille de laurier et d'epazote
8 onces ou plus de viande de porc ou de boeuf
1 oignon piqué d'un clou de girofle

Recouvrir les haricots avec de l'eau et ajouter l'oignon, le laurier et, si désiré, l'epazote. Porter à ébullition, réduire la chaleur et laisser mijoter quelques heures ou jusqu'à ce que les haricots soient bien cuits. (Au besoin, au milieu de la cuisson, ajouter un peu d'eau chaude afin de toujours maintenir une bonne quantité de bouillon.) Ne saler qu'à la fin de la cuisson. Le sel durcit tous les haricots secs et retarde la cuisson. Servir dans des bols à soupe ou des assiettes à soupe profondes. Les haricots doivent être servis avec beaucoup de bouillon et un peu de viande défaite à la fourchette. Garnir de cilantro ou de persil chinois, d'oignon haché et de laitue fraîchement émincée.

Frijoles refritos (haricots en purée frits)

Écraser les haricots avec un pilon ou les réduire en purée dans le robot culinaire ou le mélangeur électrique. La purée ne doit pas être liquide. Cuire cette purée dans au moins 1/4 tasse d'huile bien chaude. Remuer en faisant des cercles de gauche à droite pour faciliter l'émulsion. Cuire en brassant continuellement jusqu'à l'obtention d'une belle pâte se détachant en rouleau dans le fond du poêlon. Servir chaud et saupoudrer de parmesan râpé ou, mieux encore, de fromage mexicain anejo sec.

Salsa ranchera
(sauce aux tomates à la fermière)

Trois sauces aux tomates se retrouvent entre autres sur la table mexicaine. Une sauce aux tomates et au cilantro peut accompagner ou relever presque tous les mets. On la nomme souvent "salsa cruda" ou sauce crue. La sauce ranchera est aussi le même hachis de tomates cuit rapidement auquel on ajoute une pincée de sucre et un filet de jus de citron ou de vinaigre. Le "recaudo" est une sauce de base que l'on ajoute à un bouillon de soupe, à un riz, à des oeufs pochés aux tomates ou à certains plats de viande en casserole.

Salsa cruda

2 à 3 grosses tomates blanchies et épépinées,
coupées en dés
1 oignon moyen, émincé
1 pointe d'ail émincée
feuilles de 3 branches de cilantro ou de persil chinois hachées
2 à 3 c à soupe de jus de citron vert
1 ou 2 chilis jalapenos ou serranos émincés

Hacher tous les ingrédients en fins dés et mariner au frais 30 minutes avant de servir. Saler au goût.

Salsa ranchera cuite

Ajouter un peu de jus de tomate et 1 cuillerée à soupe de vinaigre à la salsa cruda ainsi qu'une pincée de sucre. Porter à ébullition et cuire quelques minutes jusqu'à épaississement léger. Saler.

Sauce aux tomates "recaudo" au Recaudo de jitomate

1 1/2 à 2 tasses de tomates fraîches en morceaux ou en con-serve
1 oignon moyen en dés
1 à 2 pointes d'ail
2 c à soupe de poudre de chili lancho
1 c à soupe de vinaigre blanc
1 c à thé de sucre
1 tasse d'eau ou de bouillon

Réduire tous les ingrédients en purée dans le mélangeur électrique. Cuire dans 3 cuillerées à soupe d'huile. Brasser pendant quelques minutes en faisant des cercles de gauche à droite pour faciliter l'émulsion. Lorsque la purée est cuite et légèrement épaisse, verser dans un bocal de verre.

Plateau de fruits frais à la mexicaine

Sur une grande assiette ou un plateau de service, déposer par groupes, des mangues coupées en deux, des papayes coupées en deux, des tronçons de citron vert, des tranches d'ananas bien mûrs, des bâtonnets de pastèque (melon d'eau) et des fraises fraîches (en saison).

Chaque convive se sert à son gré.

Huevos revueltos à la mexicana
(oeufs brouillés à la Mexicaine)

1 oignon émincé
1 petite pointe d'ail émincée
1 tasse de tomates en conserve, coupées
OU 1 grosse tomate blanchie et coupée en dés
1 branche de cilantro (persil chinois OU coriandre fraîche)
2 c à soupe d'huile végétale
1 chili jalapeno ou serrano coupé en dés ou tranché
6 oeufs

Faire chauffer 2 cuillerées à soupe d'huile végétale sans la faire brûler ni dorer. Faire revenir les oignons et l'ail jusqu'à ce qu'ils soient transparents. Ajouter le chili. (Il est nécessaire d'épépiner le chili car les graines blanches qui se trouvent à l'intérieur lui confèrent un goût fort et piquant. Si on préfère un goût très relevé, il suffit de trancher le chili entier.) Verser les tomates en conserve ou les dés de tomate fraîche. Saler légèrement. Battre légèrement les oeufs et verser sur les légumes cuits. Brouiller en utilisant une cuillère de bois. Ne pas trop cuire. Saupoudrer de cilantro frais émincé. Servir avec une purée de haricots frits (frijoles refritos) et des trotillas de maïs ou de blé bien chaudes.

N.B.: Pour que les oeufs brouillés soient bien liés aux légumes, ajouter une pincée de fromage gruyère ou mozzarella. Le fromage fondra et collera aux oeufs.

Huevos rancheros
(oeuf à la mode du fermier)

Le petit déjeuner ou l'almuerzo typique du mexicain et du touriste est sans hésiter la présentation des Huevos rancheros. Les oeufs peuvent être frits ou pochés dans la sauce tomate. La sauce varie selon les régions mais demeure toujours à base de tomates.

Pour chaque convive, compter:

1 tortilla
2 oeufs
sauce ranchera OU recaudo aux tomates
garniture: frijoles refritos (haricots frits et tranches d'avocat au citron)

Faire chauffer 2 cuillerées à soupe d'huile végétale dans un poêlon. Lorsqu'elle est bien chaude, faire revenir la tortilla sans la faire frire. Égoutter. Frire les oeufs ou les pocher dans la sauce chaude (voir recette de sauce ci-haut). Déposer la tortilla chaude sur une assiette de service, recouvrir avec les oeufs frits ou pochés dans la sauce aux tomates. Déposer 2 ou 3 cuillerées à soupe de sauce ranchera ou de recaudo sur les oeufs. Garnir avec 2 ou 3 cuillerées à soupe de purée de haricots frits et 2 tranches d'avocat. Arroser de jus de citron vert et saler. Déguster avec des tortillas de maïs ou de blé ou avec des petits pains croûtés bolillos bien chauds.

Molletes con frijoles
(Petits pains ou bolillos
aux haricots frits)

Couper les bolillos en deux. Évider légèrement et tartiner de purée de haricots frits (frijoles refritos). Saupoudrer de parmesan ou de gruyère râpé et gratiner au four. Servir chaud avec du café au lait parfumé à la cannelle ou du chocolat chaud.

Sabana de carne de cerdo con huevos estilo Nayarit ("Edredon" de porc style de l'État de Nayarit)

Par convive:

1 côte de porc désossée et coupée "papillon"
de 3/4" d'épaisseur
2 oeufs frits
Sauce ranchera chaude

Pour obtenir une coupe papillon, il suffit de prendre une côte désossée de 3/4 po d'épaisseur et de la couper en deux de haut en bas sans séparer les deux morceaux ainsi obtenus. On peut la maintenir ouverte comme un livre ou un porte-feuille entre deux feuilles de papier ciré ou de pellicule de plastique de 10 po carrés. Attendrir la viande avec un maillet ou le fond d'une grosse casserole jusqu'à la formation d'un carré d'environ 8 po. Le porc sera alors très mince, d'où son appellation de sabana, qui signifie édredon. Brosser le morceau de viande avec du jus de citron (citron vert de préférence). Cuire dans un grand poêlon ou sur une plaque à crêpes dans 2 cuillerées à soupe d'huile végétale. Dorer 1 minute de chaque côté. Déposer sur une assiette de service et recouvrir de deux oeufs frits. Napper de sauce ranchera chaude. Garnir de frijoles refritos, de tranches d'ananas mûr et de brindilles de menthe.

Tortillas à la farine du Nord
(Tortillas de harina nortenas)

Les tortillas au maïs ou à la farine de blé sont omniprésentes sur la table mexicaine. Les tortillas de maïs ou de maseca sont populaires à l'échelle de toute la république mexicaine. Quant aux tortillas à la farine de blé, elles sont une spécialité de la partie nord du Mexique.

3 tasses de farine tout-usage
1 c à thé de sel
1 c à thé de poudre à lever chimique
2 c à soupe de graisse végétale ou de lard à pâtisserie
1 1/4 tasse d'eau chaude

Utiliser le robot culinaire. Déposer les ingrédients secs dans le contenant. Mettre en marche et arrêter le fonctionnement à 3 reprises. Ajouter la graisse froide. Mettre l'appareil en marche et l'arrêter à 4 ou 5 reprises. Pendant que l'appareil fonctionne, verser l'eau par l'ouverture du contenant. Laisser en marche jusqu'à l'obtention d'une boule de pâte légère qui adhère à la partie centrale du robot culinaire. Fraiser en incorporant un peu de farine à la pâte afin qu'elle ne soit pas collante. Couper en 16 portions. Rouler avec le rouleau à pâte en formant des cercles de 4 à 5 po de diamètre. (Rouler la pâte sur une surface non enfarinée pour qu'elle s'étende plus facilement.) Cuire sur une plaque à crêpes ou dans un poêlon à fond épais très chaud sans utiliser de matière grasse. Cuire d'un côté jusqu'à l'apparition de petites taches brunes. Ne cuire que d'un seul côté sinon la pâte deviendra trop friable. Envelopper les tortillas dans un linge humide et garder au four à température très basse jusqu'au moment de servir.

N.B.: Ces tortillas peuvent être congelées. On peut aussi les acheter préparées; il suffit de les réchauffer à la vapeur avant de les servir.

Le pichet de punch aux fruits "CONGA"

À la "Flor de Acapulco", restaurant populaire du Zolcalo, on prépare une concoction de jus de fruits frais conga, mais en ajoutant un oeuf cru, une banane et parfois même une larme de rhum. La conga est un punch strictement aux fruits.

Pour un pichet de 64 onces, prévoir:

3 tasses de jus d'ananas
3 tasses de jus de pamplemousse
1 tasse de jus d'orange
2 onces de sirop de grenadine (ou plus, au goût)
1 banane
glace pilée ou concassée fine

Bien liquéfier tous les ingrédients dans le mélangeur électrique. (Ne pas trop remplir le contenant; il est recommandé de préparer le punch en deux ou trois étapes.) Verser le punch mousseux dans un pichet contenant plusieurs glaçons. Garnir les verres avec des feuilles de menthe.

Horchata de semillas de melon
(Eau de graines de cantaloup)

Graines de 1 cantaloup ou plus
1/2 cantaloup en dés
Eau
Glaçons
Sucre à volonté

Peler le cantaloup, l'évider de ses graines et de sa fibre en déposant celles-ci dans le mélangeur électrique avec la moitié de la chair du fruit. Verser suffisamment d'eau pour remplir le contenant aux trois quarts. Bien liquéfier. Couler le liquide dans un grand pichet contenant beaucoup d'eau et de glaçons. Sucrer au goût. Servir très frais.

N.B.: Ce breuvage est rempli de sels minéraux.

Postre de camotes
(patates douces caramélisées)

6 patates douces jaunes ou blanches (type yams)
4 tasses de cassonade
1/3 tasse d'eau
1 bâton de cannelle

Peler les patates et couper en quartiers ou en gros tronçons. Déposer dans une casserole suffisamment large pour que les morceaux ne soient étendus que sur une seule couche. Saupoudrer de cassonade et de cannelle. Verser l'eau. Couvrir hermétiquement. Laisser mijoter sur feu doux jusqu'à ce que les patates soient bien cuites et caramélisées au parfum de cannelle. Ne pas cuire trop vite ni sur un feu trop élevé. (Une autre façon de cuire les patates est de les déposer dans une marguerite placée dans une casserole avec la cassonade et l'eau. Couvrir et cuire tel qu'indiqué.) Servir ce plat très froid et, si désiré, avec un peu de crème fraîche (voir recette dans la section consacrée au brunch à la française) ou de crème légère.

Panque de cafe con canela
(quatre-quarts au café et
à la cannelle)

Les Mexicains sont friands de petits pains doux à la levure de boulanger ou à la levure chimique. Il faut aller dans les "panaderias" de chaque quartier le matin très tôt ou de 17:00 à 18:00 pour humer et voir des monticules de pains plus odorants les uns que les autres.

1/4 tasse de beurre
1/2 tasse de sucre
1 oeuf
1/3 tasse de café très fort
1/3 tasse de crème légère OU de lait concentré
type Carnation
1/2 c à thé d'essence de vanille
1 1/2 tasse de farine
2 c à thé de poudre à pâte dite poudre à lever chimique
1/4 c à thé de sel
garniture: 1/4 tasse de sucre
1 c à thé de cannelle

Réduire le beurre, le sucre et l'oeuf en crème. Incorporer les ingrédients secs tamisés en alternant à trois reprises avec les ingrédients liquides mélangés. Ne pas trop battre. Déposer la préparation dans un moule à pain huilé de 9 x 5 x 3 po. Saupoudrer de sucre à la cannelle en pratiquant une incision au centre de la pâte. Avec le dos d'une cuillère de bois ou une spatule à pâtisserie, abaisser la pâte qui est autour du gâteau en la ramenant vers le centre. Cuire à 375°F pendant environ 35 minutes. Démouler sur une grille à gâteau. Servir la même journée de préférence, tiède ou froid.

Bolillos
(petits pains croûtés mexicains)

Les bolillos sont aux Mexicains ce que la baguette est aux Français.

2 tasses d'eau
1 c à soupe de sucre
1 c à soupe de sel
4 c à soupe de graisse végétale
1 c à soupe de levure sèche active
5 à 5 1/2 tasses de farine tout-usage ou à pain
Glaçage: 1/2 c à thé de fécule de maïs
1/2 tasse d'eau

Chauffer l'eau, le sucre, le sel et la graisse végétale jusqu'à ce que le mélange atteigne 110°F. Verser le liquide chaud dans un bol et saupoudrer de levure granulée. Laisser gonfler de 5 à 8 minutes. Ajouter 3 tasses de farine et mélanger. Incorporer le restant de la farine. Pétrir la pâte avec la paume de la main de 12 à 15 minutes pour bien faire pénétrer le surplus de farine. Déposer la pâte dans un bol graissé et recouvrir d'une pellicule de plastique et d'un linge. Laisser gonfler la pâte jusqu'à ce qu'elle atteigne le double de son volume initial. Abaisser la pâte avec le poing. Couper en 16 morceaux. Façonner des petites boules. Appuyer l'index de chaque main sur la pâte en laissant un espace de 1 po entre les deux doigts. Rouler jusqu'à ce que la pâte ait 4 po de longueur en amincissant les extrémités. (Le bolillo a une forme ovale aux extrémités pointues.) Déposer les petits pains sur une plaque légèrement beurrée. Recouvrir d'un linge et laisser gonfler pendant au moins 35 à 40 minutes. Pratiquer une incision à la surface en faisant courir la lame d'un couteau bien affilée ou une lame de rasoir tout le long du pain. Brosser le dessus des pains avec un pinceau à pâtisserie trempé dans le mélange suivant: 1/2 cuillerée à thé de fécule de maïs délayée dans 1/2 tasse d'eau. Porter à ébullition en brassant vigoureusement. Cuire dans un four préchauffé à 400°F pendant environ 20 minutes ou jusqu'à ce que les pains soient bien cuits et dorés. Les bolillos qui ont été refroidis sont meilleurs lorsqu'ils sont réchauffés de 5 à 7 minutes à 375°F avant d'être servis.

Petits matins bulgares

Du soleil et un firmament d'un bleu si clair qui vous éblouit. Une odeur persistante de roses et une musique tzigane si envoûtante que l'on s'éternise à boire son Xième café bien corsé, pour finalement déguster ce qu'il reste d'un yogourt si onctueux et si crémeux. Et les fruits frais transparents de soleil, prêts à éclater sous la dent.

Le matin, on vous sourit largement, on porte une petite fleur à la boutonnière et l'on a le geste généreux. On vous offre des fleurs et des fruits fraîchement cueillis du potager familial. On veut que vous reveniez... mais où ça? En Bulgarie, évidemment.

Les vestiges des Thraces, Celtes ou Turcs se retrouvent dans l'architecture, dans les villes comme Sofia ou Plovdiv qui abritent un des plus merveilleux musées d'archéologie au monde et aussi dans ce qu'il y a de plus usuel et quotidien, la nourriture des Bulgares. Des mets qui rappellent Omar Khayam ou la Grèce si proche en us et coutumes.

Les petits déjeuners de ce peuple robuste, altier et qui fournit sa grosse part de centenaires, consistent toujours en une portion de yogourt nature à base de lait de buffle. De fruits frais, tels que les raisins rouges, verts-dorés ou noirs, les abricots, poires, melons de toutes sortes, de figues, nèfles et j'en passe. Les nectars de fruits frais sont embouteillés et se boivent à toute heure de la journée et souvent au petit déjeuner.

Des viandes grillées ou séchées et des saucisses-maison grillées accompagnent les oeufs, les pommes de terre rissolées ou en galettes ou une salade de haricots secs tels les pois chiches ou pois blancs à la vinaigrette.

Les pains de Bulgarie et les pâtisseries ont l'influence grecque, russe, roumaine et du Moyen-Orient. Le pain des méhanas:

51

à la mie tendre et mi-sucrée. La banitza, pâtisserie à base de fromage blanc et d'oeuf en pâte de filo, est le délice des tables des jours de Fête. Les marmelades et confitures à la tomate rouge ou verte et citron, marmelade d'abricots et la fameuse confiture d'églantiers sont omniprésentes tous les matins, pour tartiner le pain nature ou grillé.

Le café se boit très corsé, soit filtre ou turc. Le thé noir ou vert se boit très fort avec de la menthe et bien sucré.

AU MENU

Nectars d'abricots ou de poires
Yogourt nature aux fruits frais
Le Petcheno Siréné (tartinade de fromage blanc au paprika)
Les Saucisses-maison type Kebapcheta
Miche de pain du Méhana
La Banitza au fromage (roulé en escargot au fromage)
Café turc OU café au lait — Thé à la menthe sucré

Nectars d'abricots ou de poires

Les nectars d'abricots, de poires et de fruits variés se rencontrent en emballage-carton ou en bouteilles. On peut préparer les nectars de fruits naturels en passant tout simplement les fruits au centrifugeur.

Le yogourt nature aux fruits frais

Par personne:

6 onces de yogourt nature de consistance épaisse
1 c à soupe de miel de fleur d'oranger OU de confitures
1 abricot ou raisins verts ou 1/2 pomme coupée en dés
4 noix de grenoble

Préparer le yogourt en y incorporant les ingrédients dans l'ordre. Déguster.

Le petcheno siréné
(tartinade de fromage au paprika)

3 onces de fromage à la crème de type Philadelphia
6 onces de fromage feta OU karshkaval bulgare
1 once de beurre
1 c à soupe de paprika hongrois doux
1 c à thé de graines de carvi écrasées (caraway seeds)

Malaxer tous les ingrédients et tartiner sur des tranches épaisses de pain grillé.

N.B.: Idéal pour tartiner des canapés aux radis roses ou pour farcir des petits poivrons rouges ou verts en guise de hors-d'oeuvre. Réfrigérer les poivrons farcis de fromage et trancher finement. Servir sur un lit de laitue accompagné de toasts melba maison.

Les saucisses maison type kebapcheta
à la bulgare

1 livre de boeuf haché
1 livre d'agneau haché
1 livre de porc haché
Dans le contenant du mélangeur électrique, déposer:
1 1/2 tasse d'eau
2 tranches de pain blé entier ou de seigle déchiquetées
1 oignon
2 pointes d'ail
6 tranches de menthe fraîche
OU 1 1/2 c à soupe menthe sèche
5 branches de persil frais
3 branches de thym frais ou pincée de thym séché
pincée de marjolaine
12 grains de poivre entiers
1 c à thé de cumin et coriandre moulus
environ 2 c à soupe de sel

Passer tous les ingrédients destinés au mélangeur électrique dans l'appareil. Verser cette purée sur les viandes hachées. Bien mélanger pour que la purée soit parfaitement incorporée à la viande qui doit être facilement malléable. Former des petites saucisses de 3 x 1 pouces. Frire ou griller. Servir avec des oeufs et des pommes de terre, sans oublier les traditionnelles tranches de tomate.

N.B.: Les kebapcheta bulgares que l'on sert dans les mehanas ou les hôtels de Bulgarie sont plus grosses et plus épaisses. Elles mesurent 3 1/2 x 13 po. Elles sont toujours grillées, de préférence sur un feu de charbon de bois ou sur une braise bien ardente de feu de bois.

Cette recette fut démontrée lors de ma série d'été à la chaîne C.F.T.M. à Montréal, en 1982. Je l'enseigne aussi lors des cours sur la cuisine au barbecue.

Miches de pain du Méhana

2 enveloppes de levure sèche active granulée
2 1/4 tasses d'eau chaude, 110°F
3/4 tasse de lait écrémé en poudre
3 c à soupe de sucre
2 c à thé de sel
2 oeufs légèrement battus
3 c à soupe d'huile de maïs ou de tournesol
6 à 6 1/2 tasses de farine tout-usage ou à pain
dorure: 1 oeuf battu
2 c à soupe d'eau

Saupoudrer la levure sèche sur l'eau chaude. Brasser jusqu'à dissolution complète. Ajouter le lait en poudre, le sucre, le sel, l'huile végétale, les oeufs battus et 2 tasses de farine. Battre jusqu'à consistance homogène. Incorporer le restant de la farine. Pétrir 8 à 10 minutes. Couvrir la pâte et laisser gonfler pendant 20 minutes sur la planche de travail. Couper la pâte en 3 portions. Former des rondelles de 9 po. Déposer les miches de pain sur des tôles à biscuits et réfrigérer de 2 à 24 heures. Au moment de la cuisson, préchauffer le four à 375°F. Brosser les pains avec la dorure et piquer la pâte avec une fourchette. Cuire de 30 à 40 minutes ou jusqu'à ce que les pains soient bien dorés.

La Banitza au fromage
(tortillon au fromage blanc)

Les feuilles de filo OU phillo se trouvent dans toutes les épiceries de spécialités du Moyen-Orient (à Montréal: rue Bernard, avenue du parc ou rue Saint-Laurent).

Feuilles de filo
beurre fondu

Préparation au fromage:

2 oeufs
4 onces de fromage karshkaval bulgare OU de féta grec
1 once de beurre fondu
3 c à soupe de sucre
2 c à soupe de raisins de Corinthe (facultatif)
zeste d'une orange
1 c à thé de cardamome en poudre

Préparer le mélange au fromage jusqu'à consistance homogène. Brosser une surface de travail avec du beurre fondu. Déposer 2 feuilles de phillo par-dessus et brosser légèrement avec du beurre fondu. Ajouter une troisième feuille de phillo. Déposer 1/3 de la préparation à base de fromage par-dessus en laissant un espace libre de 1 po tout autour. Rouler en enduisant le rouleau à pâte de beurre fondu à chaque tour. Tenir l'extrémité droite du rouleau et enrouler de droite à gauche dans un mouvement escargot ou tortillon. Déposer le roulé dans une petite assiette d'aluminium de 5 po. Faire 3 banitzas de la même façon. Cuire au four à 375°F de 25 à 30 minutes ou jusqu'à ce que les banitzas soient bien cuits et dorés. Sortir du four et servir tièdes.

Doux matins de Corfou

Doux matins de Corfou. Corfou mêlée aux Ioniennes baignant dans une mer si douce et si calme. Le climat des îles ou du sud de la Grèce est un climat privilégié par... les dieux.

Le caractère du paysage et des constructions est à l'égal de son peuple, c'est-à-dire introuvable nulle part ailleurs. Le passé et l'histoire des Hellènes s'accrochent à eux. Qu'il s'agisse d'un insulaire aux yeux bleus de l'île d'Andros ou des citadins aux yeux noirs et brillants comme des charbons ardents de la capitale, Athènes, tous sont unanimes de générosité, de charme désarmant et d'une gaieté communicative.

La nourriture est méridionale, haute en couleurs et saveurs. On offre encore et même dans les grands centres, des fours communautaires où l'on fait mijoter lentement des plats mitonnés dans des casseroles en terre cuite. Les pains sont délicieux, délicats ou à texture très serrée et ferme. Les pâtisseries sont très douces, au miel, pignons, amandes et noix. La cannelle et la cardamome fleurent bon l'odorat.

Le grec aime grignoter quelques amandes, graines de tournesol ou graines de pastèque séchées et rôties tout en travaillant ou en s'amusant. Les cafés-terrasses abondent de gens qui dégustent une pâtisserie en causant et en buvant le café à la turque ou à la cardamome. Les familles et leurs ribambelles d'enfants joyeux fréquentent souvent les Tavernas à l'heure du souper vers 20:00. On mange avec grand plaisir les spécialités grecques telles que maman les préparerait si elle était à la maison, et l'on se gave de musique endiablée de sirtakis.

AU MENU

Jus ou nectars de fruits frais
Le ravier glacé de grappes de raisins noirs et verts
Demi-pêche nappée de yogourt et de pignons
Le spanakopita (soufflé aux épinards en pâte de filo)
Les soudzoukakia (petites saucisses de Smyrne)
Le pain aux oeufs et aux graines de sésame
Les Koulourakia, ou petits gâteaux secs au beurre et
graines de sésame
Le rosat ou confit de pétales de roses
Le café au lait

Spanakopita (soufflé aux épinards en pâte de phillo)

1 livre d'épinards frais blanchis OU 1 boîte d'épinards surgelés
8 onces de fromage cottage OU ricotta
6 onces de fromage grec féta
3 c à soupe de fromage parmesan
4 gros oeufs entiers
sel — 6 tours de moulin à poivre
6 branches de persil
Facultatif: 1 bouquet d'aneth ou de fenouil OU 4 grains d'anis écrasés
12 feuilles de phillo
beurre fondu

Dans le bac du robot culinaire, déposer les épinards, le fromage cottage, le fromage féta, le fromage parmesan, le sel, le poivre, le persil et, si désiré, l'aneth, le fenouil ou l'anis. (Si on sert le spanakopita avec des saucisses de Smyrne à l'anis, omettre l'anis dans le soufflé aux épinards.) Mettre l'appareil en marche et l'arrêter à 7 reprises ou jusqu'à l'obtention d'un mélange homogène non liquide.

Dans un plat à four de 5 1/2 x 9 po ou de 2 1/2 x 10 po, étendre 2 grandes feuilles de phyllo en les laissant se chevaucher un peu et en prenant soin de laisser dépasser assez de pâte en dehors du moule. Brosser de beurre fondu. Recouvrir avec 2 autres feuilles de phyllo beurrées, puis 2 autres (ce qui donnera 6 feuilles de phyllo en tout). Verser le mélange à base d'épinards et recouvrir avec 6 autres feuilles de phyllo en brossant chacune d'elles avec du beurre fondu. Plier et replier la partie des feuilles qui dépasse du moule en la rabattant vers le centre. Plisser la pâte tout autour du moule. Couper la pâte en surface en dessinant des carrés ou des losanges de la grosseur d'une portion individuelle. Cuire au four à 375°F de 35 à 45 minutes. Laisser reposer 10 minutes à la température de la pièce et servir. Ce plat peut être dégusté chaud, tiède et même froid. Servir tel quel ou avec des petites saucisses de Smyrne natures ou à la sauce aux tomates.

Soudzoukakia (saucisses de Smyrne)

1/2 à 3/4 tasse d'eau
1 gros oeuf entier
2 tranches de pain déchiquetées
1 pointe d'ail
1 petit oignon
sel — poivre du moulin
1/4 c à thé de cumin en poudre ou en grains
6 grains d'anis écrasés
1 livre de boeuf haché

Dans le contenant du mélangeur électrique, déposer l'eau, l'oeuf, le pain, l'ail, l'oignon, le sel, le poivre, le cumin et l'anis. Réduire en purée. Verser sur la viande hachée. Bien mélanger avec les mains jusqu'à l'obtention d'une masse souple et malléable. Façonner en petites saucisses de 3/4 x 3 po. Rissoler dans 2 cuillerées à soupe d'huile d'olive bien chaudes (ajouter 1 grain d'anis à l'huile, si désiré). Cuire jusqu'à ce qu'elles soient bien dorées. Servir natures ou nappées de sauce aux tomates relevée avec un peu de menthe fraîche ou séchée.

Pain aux oeufs et aux graines de sésame

2 c à soupe OU 2 enveloppes de levure sèche active
1 tasse d'eau chaude à 110°F
1 c à thé de sucre
1 grosse boîte (13 oz) de lait concentré de type Carnation
1 c à thé de sel
2 gros oeufs
5 c à thé de beurre
6 à 6 1/2 tasses de farine tout-usage
dorure: 1 oeuf battu
2 c à soupe d'eau
3 c à thé de graines de sésame

Saupoudrer la levure sèche sur l'eau chaude additionnée de sucre. Laisser gonfler 10 minutes ou jusqu'à consistance mousseuse. Faire chauffer le lait concentré avec le sucre, le sel et le beurre jusqu'à ce que le mélange atteigne 110°F. Ajouter la levure gonflée au lait chaud. Incorporer 3 tasses de farine et bien mélanger. Incorporer le restant de la farine en pétrissant pendant 10 minutes ou jusqu'à ce que la boule de pâte soit lisse et non collante. Déposer la pâte dans un bol graissé. Graisser le dessus de la pâte. Recouvrir hermétiquement d'un linge ou d'une pellicule de plastique. Laisser gonfler jusqu'au double du volume initial. Abaisser la pâte avec le poing. Couper en 2 portions. Façonner en disques ou en cylindres sur une surface graissée et saupoudrée de graines de sésame. Déposer les pains sur une tôle à biscuits graissée et légèrement enfarinée. Recouvrir d'un linge et laisser gonfler de 35 à 40 minutes ou jusqu'à ce qu'ils aient doublé de volume. Brosser les pains avec la dorure et saupoudrer avec un peu de graines de sésame. Mettre dans un four à 375°F pendant environ 35 minutes. Les pains doivent être bien cuits et dorés.

Petits biscuits ou gâteaux secs au beurre KOULOURAKIA

3/4 tasse de beurre
3/4 de tasse de sucre
2 c à thé d'essence de vanille
1 oeuf entier
2 jaunes d'oeufs OU 2 oeufs entiers
3 tasses de farine tout-usage
2 c à thé de poudre à lever chimique
zeste d'une grosse orange OU 1 c à soupe de fleur d'oranger
dorure — graines de sésame

Déposer le beurre et le sucre dans le bac du robot culinaire. Réduire en pommade. Ajouter l'oeuf entier, les jaunes d'oeufs ou les 2 oeufs entiers. Bien battre avec l'essence de vanille jusqu'à ce que le sucre soit dissous. Ajouter le zeste d'orange et mélanger. Incorporer la farine et la poudre à lever. La pâte sera ferme. Déposer la masse de pâte sur une surface enfarinée. Fraiser en incorporant délicatement un peu de farine afin que la pâte ne soit pas collante. Façonner des petits anneaux ou abaisser la pâte avec un rouleau à pâtisserie à au moins 0,4 po d'épaisseur (presque 1/2 po). Couper avec un coupe-pâte en rondelles ou en marguerites. Brosser avec un pinceau à pâtisserie avec la dorure et saupoudrer de graines de sésame. Déposer les biscuits sur une tôle non graissée et cuire au four à 350°F de 10 à 12 minutes ou jusqu'à ce que le dessous soit légèrement coloré. Laisser refroidir sur une grille à gâteau et conserver dans une boîte métallique. Donne 60 petits biscuits ou gâteaux secs.

Délicieux avec un café turc ou avec un café au lait additionné d'une larme de Mastika ou de brandy sec, ou encore avec un thé corsé additionné de menthe fraîche.

Rosat ou confit de pétales de roses

Cette recette est préparée avec du sucre blanc.

Si l'on désire une recette à base de miel, préparer un sirop de base avec: 3 tasses de miel d'abeilles et 2 tasses d'eau. Cuire le sirop 10 minutes et procéder comme suit:

recette de rosat à base de sirop au sucre blanc:

6 tasses de sucre
3 tasses d'eau
18 petites roses rouges et roses
4 citrons

Mélanger le sucre et l'eau. Cuire le sirop 20 à 25 minutes ou jusqu'à léger épaississement. Séparer les pétales de rose et enlever la petite pointe blanche ou de couleur pâle qui leur confère un goût amer. Recouvrir d'eau bouillante en pressant les pétales avec une cuillère de bois. Laisser tremper au moins 3 heures ou, mieux encore, toute une nuit. Lorsque le sirop est à point et très bouillant, verser les pétales de rose et leur eau d'infusion. Cuire 25 à 30 minutes ou jusqu'à l'obtention d'une couleur transparente. Ajouter un gros zeste de citron coupé finement et le jus de 4 citrons. Cuire au moins 15 minutes de plus. Lorsque le confit (ou rosat) est de consistance épaisse, vider dans des pots à marmelade stérilisés. Bien sceller. Garder au frais ou dans le bas du réfrigérateur. Servir dans une petite soucoupe avec un grand verre d'eau comme breuvage d'accompagnement.

Le brunch à la française

La France, berceau de la cuisine classique la plus raffinée au monde, et la plus internationalement connue. Ses chefs de cuisine ont le sens de la mise en scène, le génie de la composition alchimique et le panache des grands de ce monde.

Connaître et aimer la France, c'est avant tout s'aventurer à visiter tous les plis et replis des grands centres tels que Paris ou Lyon, mais aussi connaître "l'arrière-pays" et toutes ses régions. Découvrir toutes les facettes et us et coutumes du quotidien de ces gens et savourer les spécialités régionales, toujours préparées avec beaucoup de technique, de sens pratique et le grand respect de l'art culinaire dans son essence même.

En France, avant de déguster un plat, on en parle, on le prépare, on le mijote avec amour, on compare les recettes et puis c'est l'apothéose quasi divine, moment si attendu de la délectation.

La cuisine des grands jours n'est pas affaire précipitée. Tout devient cérémonial.

Le Français est un gourmet de premier ordre et fin connaisseur. Il aime raconter ses agapes et les faire partager.

AU MENU

Le demi-melon charentais aux petits fruits — sur socle
de glace
L'omelette de la Mère Michel
La crème fraîche
Le saucisson en croûte
Radis-beurre
Les pruneaux secs à l'eau-de-vie à la Gasconne
Les brioches et les baguettes du boulanger
La confiture de coings de commerce
Le café au lait à la chicorée

Le demi-melon charentais aux petits fruits sur socle de glace

Couper un ou des petits melons des Charentes (petit melon à chair très rouge et à écorce verte) ou des petits cantaloups bien mûrs en deux. Retirer les graines et les conserver pour faire une eau de graines de melon (voir le menu Viva Mexico). Remplir les moitiés de fruit avec des bleuets ou des myrtilles, des groseilles à maquereaux, des framboises, des fraises, des mûres. Si on sert ce dessert en dehors de la saison estivale, on fera un mélange de raisins rouges, noirs et verts épépinés. Sucrer au goût. Si désiré, rehausser d'une goutte de Pineau des Charentes. Refroidir. Servir sur de la glace concassée dans des bols à salade transparents ou des assiettes à soupe creuses. Garnir de menthe fraîche, de mélisse ou de géranium rose.

Les pruneaux à l'eau-de-vie à la Gasconne

2 livres de beaux gros pruneaux secs
eau-de-vie blanche neutre OU armagnac OU cognac

Ébouillanter les pruneaux secs pendant 1 minute. Égoutter. Déposer les fruits dans un bocal à couvercle d'au moins 1 litre. Recouvrir d'eau-de-vie, d'armagnac ou de cognac ou d'un mélange composé d'eau-de-vie et de brandy/ou d'armagnac. Fermer hermétiquement. Laisser gonfler et macérer pendant au moins 8 jours dans un endroit très frais ou au réfrigérateur. Servir à la température de la pièce avec de la crème fraîche ou nature.

N.B.: Pour une version économique, laisser tremper les pruneaux dans du sherry ou du madère.

Café au lait à la chicorée

Préparer un café à triple concentration et ajouter 1 à 2 cuillerées à thé de chicorée sèche moulue par tasse d'eau. Dans un bol ou une grande tasse, verser une demi-quantité de lait et une demi-quantité de café (verser le lait chaud de la main gauche et le café de la main droite en tenant les contenants assez haut au-dessus de la tasse afin que le café devienne très mousseux).

L'Omelette de la Mère Michel

Au Mont-Saint-Michel, tout en dégustant un bon bol de cidre, on se régale d'une spécialité qui a maintenant fait le tour du monde... l'omelette si renommée.

Personne ou presque à date n'a totalement eu le secret des ingrédients de la composition de la fameuse omelette de la Mère Michel. Les oeufs étant déjà préparés en cuisine, on la cuit en salle, sans pour autant vous dévoiler "le secret". Chacun y va de son cru pour énumérer les ingrédients du plat. Mais souvent nous oublions aussi la simplicité de cette préparation. Le secret... mon ou notre secret? Peut-être... 2 ou 3 cuillerées de crème fraîche dont voici la recette avant de procéder à la préparation de l'omelette.

Crème fraîche

1 tasse de crème épaisse à 35%
1 c à soupe de babeurre (buttermilk)

Déposer les ingrédients dans un bocal de verre. Fermer hermétiquement et agiter. Laisser reposer et fermenter à la température de la pièce pendant au moins 8 heures ou jusqu'à l'obtention d'une belle consistance épaisse et onctueuse. Réfrigérer.

N.B.: Cette crème peut être conservée au moins 10 jours. Elle peut être utilisée dans n'importe quelle sauce à la crème ou accompagner tous les bols de fruits frais.

L'omelette de la Mère Michel

8 oeufs entiers
2 jaunes d'oeufs
3 c à soupe de crème fraîche
2 à 3 c à soupe de beurre demi-sel
Poivre du moulin (6 à 8 tours généreux)

Battre avec un balai à omelette ou un fouet léger tous les ingrédients. Verser dans un poêlon à omelette de 10 po ou faire deux omelettes dans un poêlon de 6 à 7 po contenant de 2 à 3 cuillerées à soupe de beurre chaud et mousseux. Secouer le poêlon de droite à gauche en faisant des mouvements circulaires. Répéter l'opération pendant tout le temps de cuisson. L'omelette doit être feuilletée et encore baveuse. Replier vers le centre la partie de l'omelette opposée à la queue du poêlon et déposer sur une assiette de service. Replier l'autre partie vers le centre. L'omelette est maintenant pliée en trois, face bombée sur le dessus.

Le saucisson en croûte

Prévoir un ou des saucissons français à l'ail. Dans le Mâconnais on utilise le "Jésus" bien dodu et odorant. À défaut de saucisson français, on peut utiliser une bonne saucisse Kielbasa polonaise OU la krakowska comme on la prépare si bien dans le "Nord".

La croûte n'est pas exécutée en pâte brioche, mais en pâte brisée-minute. De la pâte feuilletée surgelée donne un bon rendement.

Pâte brisée-minute au robot culinaire

1 1/2 tasse de farine tout-usage
1 c à thé de sel
1 c à thé de poudre à lever chimique
pointe de poudre de cari
3 c à soupe de beurre froid
3 c à soupe de graisse végétale
4 c à soupe d'eau
1 c à soupe de jus de citron OU de vinaigre blanc
Moutarde de Dijon — beurre mou — dorure

Dans le bac du robot culinaire, déposer la farine, le sel, la poudre à lever et la poudre de cari. Mettre l'appareil en marche et l'arrêter à 5 reprises. Déposer le beurre et la graisse végétale sur la farine. Mettre l'appareil en marche et l'arrêter à 5 reprises. Pendant que le robot culinaire est en marche, verser l'eau et le jus de citron par l'ouverture. Laisser fonctionner quelques secondes jusqu'à l'obtention d'une boule de pâte légère qui adhère à la partie centrale du robot culinaire. Retirer la pâte et la déposer sur une surface enfarinée en y incorporant un peu de farine afin qu'elle ne colle plus. Rouler pour former un rectangle de 15 po ou deux rectangles de 7 ou 8 po. La pâte doit être suffisamment épaisse pour donner un bon enrobage au saucisson. Beurrer la pâte et badigeonner de moutarde de Dijon ou Téméraire. Déposer le saucisson sur le rectangle et refermer comme une enveloppe. (Le saucisson aura été préalablement blanchi ou poché à l'eau quelques minutes, après quoi on fendra la peau et on l'enrobera de pâte.) Bien sceller et badigeonner de dorure (1 oeuf battu avec 2 cuillerées à soupe d'eau). Déposer sur une tôle graissée ou beurrée et cuire au four à 375°F pendant 45 minutes ou jusqu'à ce qu'il soit doré et bien cuit. Laisser tiédir ou refroidir complètement. Servir sur une planche à pain et trancher. Garnir de fines herbes fraîches, de persil et de cresson. Présenter avec différentes moutardes.

Le breakfast anglais

Le savoir-vivre anglais est difficile à surpasser. Même dans le tohu-bohu de l'heure actuelle, l'Anglais a gardé ses habitudes rituelles vis-à-vis sa table et le thé de cinq heures.

Il est bien faux de prétendre que la cuisine anglaise est sans saveur. Les vestiges de colonies en pays étrangers comme les Indes, la Barbade ou l'Afrique offrent des spécialités où la pointe d'exotisme ou d'originalité relève les plats les plus simples et leur donne du caractère.

Ainsi, dès le saut du lit, l'Anglais prend un premier petit déjeuner qui consiste en un toast bien sec à la confiture et d'une bonne tasse de thé bien bouillant.

Tard dans la matinée est alors dégusté le breakfast copieux que l'on reconnait à la Grande-Bretagne.

Il est très avantageux et apprécié de recevoir pour le brunch en suivant ce menu de breakfast anglais. Idéal aussi à l'heure du barbecue sur la terrasse.

AU MENU

Moitiés de pamplemousses grillées au rhum
Le Toad-in-a-Hole (flan anglais aux saucisses
à déjeuner)
Harengs fumés et oeufs brouillés sur toasts
Le Mixed Grill anglais
Les scones anglais
Les scones écossais au four
Les confitures et marmelades d'Angleterre et d'Écosse
Toasts bien secs servis sur porte-toast
Thé noir ou vert — Café moelleux

Pamplemousse grillé au rhum

Moitiés de pamplemousse
Cassonade OU sucre roux
rhum brun ou blanc
beurre — cannelle ou muscade

Compter un demi-pamplemousse par convive. Avec un couteau à pamplemousse ou un petit couteau bien affilé, découper les sections et séparer la chair de l'écorce. Saupoudrer de sucre brun ou roux ou de cassonade. Arroser de rhum (1 à 2 cuillerées à soupe), ajouter une noisette de beurre ainsi qu'une pincée de muscade ou de cannelle. Passer sous le gril quelques minutes en plaçant les pamplemousses à 6 ou 7 po de la source de chaleur. Garnir d'une cerise au marasquin ou d'une petite grappe de raisins verts ou noirs ou d'une pointe de kiwi.

Le toad-in-a-hole
(Flan anglais aux saucisses)

1 livre de saucisses anglaises OU saucisses Toulouse
1 tasse de farine tout-usage
1 c à thé de sel
6 bons tours de poivre du moulin
1/2 c à thé de moutarde sèche anglaise
3 c à soupe de fromage cheddar doux ou mi-fort râpé
1 1/2 tasse de lait
2 gros oeufs entiers

Piquer les petites saucisses ou trancher de biais les saucisses Toulouse. Faire revenir ou dorer dans 2 cuillerées à soupe d'huile ou de beurre pendant quelques minutes. Égoutter et mettre de côté. Battre les oeufs et le lait et verser sur les ingrédients secs en mélangeant bien. Verser 2 cuillerées à soupe de gras de cuisson des saucisses dans un moule de 8 x 10 po ou de 8 x12 po. Déposer les saucisses cuites au fond du moule et verser la préparation à base d'oeufs par-dessus. Cuire dans un four préchauffé à 400°F ou 425°F pendant 30 minutes ou jusqu'à ce que le flan soit parfaitement doré. Découper en carrés et servir chaud avec une salade de tomate ou une salade de laitue tendre.

N.B.: Ce plat est excellent pour un pique-nique. On le sert alors en petits morceaux froids. Pour un déjeuner ou un souper léger, servir le flan avec une salade variée et terminer le repas avec un fruit poché.

Le mixed grill anglais

Pour une personne:

1/2 rognon d'agneau ou de porc
OU 1/3 de rognon de veau
1 tranche de bacon
1 saucisse anglaise
1 tranche de foie de veau, porc ou boeuf
1 côte d'agneau OU noisette d'agneau
si désiré, 1 petite côte de porc OU petit tournedos
Huile végétale parfumée de romarin et d'une pointe de poudre de cari
Poivre moulu
sel
moitié de tomate grillée nature ou persillade

Piquer les tranches de bacon afin de les empêcher de rouler. Parer les rognons: couper le rognon en deux à l'horizontale et le débarrasser de ses nervures centrales. Pratiquer de légères incisions en surface sur 1 endroit des rognons. Badigeonner de très peu de moutarde et d'huile parfumée. Déposer avec le bacon sur le gril du "broiler" de la cuisinière. Accommoder des côtes d'agneau au naturel sur la grille ou parer les côtes. Enlever un peu de gras et le "feutre". Longer l'os et retirer l'os. Tourner OU enrouler la noix d'agneau autour du morceau désossé à l'os. Fixer à l'aide d'un cure-dent. Accomoder au centre du gril afin de contrôler les cuissons du foie, rognons, bacon, saucisses. Tremper des tranches de foie de veau, porc ou boeuf dans un peu de lait. Éponger et brosser d'un peu d'huile et déposer en bordure vers la porte du four afin de retirer le foie après 1 ou 2 minutes de cuisson à "broil". Piquer les saucisses à déjeuner et les déposer sur le gril. Lorsque toutes les viandes sont prêtes à cuire, déposer le gril à 6 ou 7 po de la source de chaleur du "broiler". Par ordre de cuisson, sortir du four et déposer les viandes sur une assiette de présentation chaude.

Servir le tout bien chaud et accompagné de tomates grillées avec les viandes natures OU à la persillade (persil, beurre mou, un peu de chapelure et une pointe d'ail écrasée); malaxer le tout et déposer sur des moitiés de tomates.

Le mixed grill à l'anglaise s'accompagne de gelée de menthe verte, d'un soupçon de moutarde et de gelée de groseilles rouges.

Hareng fumé et oeufs brouillés
sur toasts

Prévoir 1 petit hareng fumé par personne OU la moitié

Bien rincer et éponger le poisson fumé. Déposer dans une assiette peu profonde allant au four ou dans un poêlon. Recouvrir avec une demi-quantité de lait et une demi-quantité de crème, 1 noix de beurre et 1 pincée de persil frais ou séché. Cuire pendant quelques minutes seulement jusqu'à ce que le poisson se défasse à la fourchette. Préparer 2 oeufs brouillés par personne en mélangeant chaque portion avec 2 cuillerées à thé de beurre, 2 cuillerées à soupe de crème et un peu de poivre. Battre légèrement et verser dans un poêlon de 7 po contenant du beurre chaud et mousseux sans être bouillant. Brouiller les oeufs en les remuant avec une cuillère de bois pour empêcher la préparation de se former en omelette. Retirer du feu et continuer de remuer pendant quelques secondes. Servir immédiatement sur des toasts secs. Les oeufs coaguleront au moment d'être servis. (Les oeufs brouillés en gros morceaux doivent être servis à la cuillère.) Recouvrir les oeufs de morceaux de filet de poisson. Garnir de persil.

Scones anglais

Ces scones se préparent en un tour de main. On peut les faire cuire sur une plaque à crêpes ou dans un poêlon électrique à la manière écossaise ou au four chaud sur une plaque à biscuits enfarinée (méthode anglaise). On peut très bien doubler la recette, mais en ajoutant seulement 1 oeuf et 2/3 de tasse de lait sur OU du babeurre OU du lait doux.

Pourquoi du lait sur ou du babeurre? Parce que c'est un agent fermenté qui aide à faire lever les petits pains.

1 tasse de farine tout-usage
1/2 c à thé de sel
2 c à soupe de sucre
1 c à thé de bicarbonate de soude (soda)
2 c à thé de crème de tarte (cream of Turtar)
2 c à soupe de beurre OU de graisse végétale
1/2 tasse de lait sur ou de babeurre (buttermilk)

Couper le beurre dans les ingrédients secs. Ajouter le lait ou le mélange suivant dans une tasse à mesurer: 1 oeuf et 1/2 tasse de lait battus à la fourchette. Déposer la préparation sur une surface enfarinée. Former un cercle de 3/4 po d'épaisseur. Couper en 8 pointes avec un couteau tranchant. Cuire les morceaux un à un sur une plaque à crêpes ou, mieux encore, sur une tôle à biscuits enfarinée et déposée au four à 400°F pendant 10 minutes.

Les galettes ou scones écossais au four

2 tasses de farine tout-usage
3 c à thé de poudre à lever
tasses de farine tout-usage
3 c à thé de poudre à lever
pincée de sel
? c à soupe de sucre
zeste de 1 orange et 1 citron
1/3 tasse de raisins secs de Corinthe
1/4 tasse de beurre ou margarine
1 oeuf battu
1/3 tasse de lait

Mesurer et mélanger les ingrédients secs avec les raisins de Corinthe, le zeste d'orange et le zeste de citron. Avec un coupe-pâte ou un couteau, couper le beurre dans les ingrédients secs jusqu'à la formation de gros flocons. Mélanger l'oeuf battu et le lait. Verser le liquide d'un trait sur les ingrédients secs. Brasser à la fourchette afin de bien amalgamer les ingrédients en prenant soin de ne pas trop brasser. Pétrir sur une surface enfarinée pendant quelques secondes. Déposer la pâte sur une tôle à pâtisserie légèrement enfarinée et non graissée. Abaisser la pâte avec la paume de la main ou un rouleau à pâte pour former un disque de 3/4 po ou plus d'épaisseur. Couper en 8 tranches (commencer par couper en 4, puis couper chaque quart en deux parties). Si désiré, badigeonner les pointes avec un peu de lait. Sucrer légèrement ou porter directement au four à 435°F de 10 à 12 minutes. Servir la journée même, chaud, tiède, ou froid.

Le petit brunch
à l'italienne

"Al contadino

Non far sapere

Come buono

Il formaggio con la pere..."

..."On ne dit pas au fermier combien est délicieux le fromage avec la poire." Ainsi me parle dans un flot de paroles intarissable, le grand chef de cuisine Carlo Dell'Olio, cet italien volubile et ancré dans ses racines italiennes, qui sait représenter et raconter son pays, exagérer quelquefois et insister sur les recettes de la grande cuisine classique italienne. Rappeler la simplicité et la fraîcheur des mets. La gloire de ses fromages, de ses vins et l'apothéose des denrées de saison.

Oui, rêver de l'Italie aux mille couleurs. Rêver à des villes toutes roses, dorées ou jaune ocre. Penser à ses jardins symétriques à l'italienne si grandioses. Aux massifs de fleurs si abondants qu'ils vous en coupent le souffle. En Italie, on vit intensément. La beauté vous entoure de toutes parts.

Et que dire de l'opulence des marchés de quartiers. Le violet des aubergines se mariant avec le doré des brugnons, des pêches si odorantes, le vert des raisins si transparents qu'on y voit le soleil, le rouge éclatant des pommes d'or (tomates, les chapelets d'ail, d'oignons, de citronnelles). Les parfums nous viennent de partout. Des fleurs aux couleurs vives et très variées côtoient les caisses de sardines fraîches ou au sel, et les gros poissons frais. Les seiches chevauchent un étalage digne des oeuvres des plus grands peintres italiens.

L'italien est très frugal au petit déjeuner. Il s'accomode d'un café bien corsé au lait, d'une brioche, d'une tranche de pandoro ou de panettone tartiné au beurre frais ou à la confiture.

Pour les besoins du livre, M. Carlo Dell'Olio nous suggère un petit brunch qui se servira depuis 11:30 jusqu'à 13:00.

AU MENU

Les figues fraîches au Prosciutto
Les rognons sautés au vin blanc et fines herbes
Le riz pilaf
L'assiette de fromage Gorgonzola et Bel Paese et les poires fraîches
Les tranches de Panettone de commerce
La marmelade de prunes
Le café espresso
Le thé
Un plateau de dragées et de quelques amaretti de Sarronno

Les figues fraîches au Prosciutto

On trouve des figues fraîches sur le marché en juin et en septembre. À défaut de figues, préparer le Prosciutto OU jambon de Parme avec des lamelles de cantaloup ou de melon de miel bien mûr et odorant.

Prévoir 2 ou 3 figues fraîches par personne. Peler et couper le pédoncule de chaque fruit. Déposer les figues sur une assiette de service. Enrouler dans des tranches minces de prosciutto ou recouvrir de 4 fines tranches de jambon de Parme. Présenter sur la table avec un moulin à poivre et une carafe d'huile d'olive vierge. On peut servir ces figues avec des petits morceaux de pain italien.

Les rognons sautés au vin blanc et aux fines herbes

Facile et rapide à préparer.

Parer les rognons en les coupant en deux à l'horizontale. Avec la pointe d'un petit couteau bien affilé, retirer toutes les nervures. Enlever la pellicule qui recouvre parfois les rognons. Couper en dés.

Dans une sauteuse ou un poêlon de 8 à 9 po à fond épais, faire chauffer 2 cuillerées à soupe d'huile végétale et 2 cuillerées à soupe d'huile d'olive très chaudes. Y faire revenir les dés de rognons. Saisir la viande afin d'empêcher tout bouillonnement.

Secouer la sauteuse pendant quelque secondes. Lorsque les morceaux de rognon sont dorés et encore rosés, ajouter une généreuse pincée de persil frais, de thym, de marjolaine et de sauge, frais et émincés. Déglacer en ajoutant 1/4 tasse de vin. Secouer et râcler le fond du poêlon et ajouter 1/4 tasse de fond blanc ou de bouillon de poulet. Laisser réduire un peu et servir sur un lit de riz pilaf.

N.B.: Compter 2 gros rognons de veau pour 3 personnes.

Riz pilaf

"Pour un riz encore ferme sous la dent et bien détaché, utiliser 1 1/2 tasse de liquide pour 1 tasse de riz à longs grains, dit M. C. Dell'Olio."

1 c à soupe de beurre
1 c à soupe d'huile végétale
1 petit oignon, finement émincé
1 branche fraîche de thym (facultatif)
1 1/2 tasse de bouillon de poulet
1 feuille de laurier
1 clou de girofle

Dans une petite casserole ou cocotte de 1 litre, faire fondre le beurre et l'huile. Lorsqu'ils sont très chauds, ajouter l'oignon. Cuire sans colorer. Verser le riz immédiatement en l'enrobant de matière grasse. Mélanger jusqu'à ce qu'il soit de couleur noisette. Verser du bouillon ou un mélange d'eau et de bouillon de concentré poulet. Ajouter une feuille de laurier, du sel, du poivre, 1 clou de girofle et, si désiré, 1 pointe d'ail. Porter à ébullition. Couvrir, réduire la chaleur au minimum et laisser cuire jusqu'à évaporation du liquide (environ 20 minutes). Retirer la feuille de laurier et le clou de girofle et l'ail, si on en a utilisé.

Un truc: Pour que les grains de riz soient bien détachés, éteindre le feu après la cuisson et déposer un linge propre sur la casserole de riz. Attendre 10 minutes. Le linge absorbera toute l'humidité.

Le petit brunch belge

Qui pourrait résister aux gaufres à la crème, aux moules et aux frites d'Anvers et aux chocolats pralinés et truffés des plus grands et célèbres chocolatiers de Belgique et même du monde? Personne à vrai dire. Dès que l'on s'attarde à visiter ses villes féodales aux odeurs de gourmandise, la Belgique prend sur elle de vous envelopper d'une volupté presque rabelaisienne.

La Belgique offre une table de contraste. On aime les fritures, les fondants de fromage à la Bruxelloise, mais on respecte la finesse et le goût du poisson, en le présentant en Waterzoii, à la fine crème ou simplement enveloppé de feuilles de laitue et braisé. Les endives (ou chicons) sont apprêtées crues en salade, avec un filet d'huile de noix, filet de jus de citron et d'un bon tour de moulin à poivre, ou braisées au jambon, vin blanc et fromage. L'endive est certainement le légume national des Belges.

Les viandes et volailles sont poêlées, sautées avec beaucoup de délicatesse, et les braisés sont toujours odorants et moelleux.

Quant aux pâtisseries, elles sont l'affaire des grands pâtissiers belges, et à tous les dimanches matins on fait la queue pour acheter des montagnes de gâteaux à la crème et au fromage et des tartes aux fruits toutes plus savoureuses les unes que les autres. À chaque matin, on achète du pain frais, des brioches et le fameux cramique, pain aux raisins délicieusement parfumé.

Oui, Bruegel d'Enfer, dans sa présentation du tableau "Danse de noces en plein air", a su capter l'esprit de bombance par les rondeurs de ses personnages attablés ou debout, faisant la conversation, buvant, mangeant, dansant, occupés aux divins plaisirs de la bonne et grande table. Le Belge est gourmand, mais ausssi fin gourmet.

AU MENU

Les tranches d'oranges rafraîchies aux amandes
L'omelette aux croûtons
La sauce au cerfeuil OU à l'oseille
Le cramique
Le pain-éclair aux raisins
Le café liégeois

Les tranches d'oranges
aux amandes rafraîchies

3 à 4 oranges pelées et tranchées
2 c à soupe de sucre à glacer OU de sucre à fruits fin
4 c à soupe de vin blanc sec
OU pour un entremets sucré, de la liqueur d'orange
2 c à soupe d'amandes effilées

Avec un couteau de cuisine à lame droite, couper la pelure des oranges de haut en bas en prenant soin d'enlever tous les filaments blancs qui donnent un goût amer au fruit. Trancher la chair. Déposer les tranches dans un ravier. Sucrer. Ajouter le vin ou la liqueur d'orange. (On peut aussi ajouter quelques dattes coupées en deux dans le sens de la longueur.) Laisser réfrigérer toute une nuit. Servir dans des bols individuels transparents ou disposer les tranches sur une assiette à fruits ou à dessert en formant un soleil. Saupoudrer d'amandes effilées natures ou légèrement grillées.

Café Liégeois

Dans une tasse de porcelaine fine, déposer 1 cuillerée à soupe de blanc d'oeuf battu en meringue et 2 cuillerées à soupe de sucre fin. Verser du café à la chicorée corsé et très chaud. Garnir avec 2 cuillerées à soupe de crème fouettée mélangées avec un peu de meringue. Saupoudrer de cacao ou de chocolat à confiserie râpé.

L'omelette aux croûtons — sauce au cerfeuil

Pour chaque convive, prévoir:
2 gros oeufs, 1 c à soupe d'eau tiède
1 c à thé de beurre froid, coupé en menus dés

Prévoir 2 gros oeufs, 1 cuillerée à soupe d'eau tiède et 1 cuillerée à thé de beurre froid coupé en dés par invité. Battre légèrement les oeufs avec l'eau. Ajouter le beurre. Poivrer. Faire chauffer un poêlon à omelette en acier bleu ou un poêlon de 6 po de diamètre à revêtement anti-adhésif contenant 2 cuillerées à thé de beurre. Quand le beurre est chaud, blond et mousseux, verser les oeufs d'un trait. Secouer le poêlon de droite à gauche en formant des cercles à quatre reprises ou brasser délicatement avec une fourchette dans un mouvement d'aller-retour pour bien feuilleter l'omelette. Quand l'omelette est encore baveuse en surface, déposer une quinzaine de petits croûtons croquants par-dessus. Ne pas laisser trop cuire l'omelette. Replier vers le centre la partie de l'omelette opposée à la queue du poêlon et glisser sur une assiette de service. Replier l'autre partie vers le centre. Napper le centre de l'omelette de sauce au cerfeuil. Garnir d'un bouquet de cresson ou de persil et d'un gros zeste de citron.

Petite sauce au cerfeuil

1 c à soupe de beurre
1 c à soupe de farine tout-usage
3/4 tasse d'eau ou de bouillon de poulet
1 c à soupe de cerfeuil séché
OU une grosse pincée de cerfeuil frais, émincé
une grosse pincée de sel — 6 tours de moulin à poivre —
muscade
1/4 c à thé de moutarde de Dijon
jus de 1/2 citron

Dans une petite casserole, faire fondre le beurre jusqu'à ce qu'il soit chaud et mousseux. Ajouter la farine et brasser jusqu'à la formation de bulles. Verser l'eau ou le bouillon dans le petit roux blanc. Ajouter le cerfeuil et laisser cuire quelques minutes jusqu'à épaississement léger. Saler et poivrer. Ajouter un soupçon de moutarde de Dijon, la muscade et le jus de citron. Laisser mijoter quelques minutes de plus en brassant. Rectifier l'assaisonnement et verser sur l'omelette. (Cette sauce peut napper 6 omelettes.)

N.B.: Cette sauce est délicieuse pour une fondue bourguignonne si on lui ajoute un peu d'ail et un filet d'anchois écrasé. Pour obtenir une sauce simili-tartare, on peut ajouter des morceaux de cornichons salés, des olives farcies, des oignons verts émincés et un oeuf dur tamisé à la sauce froide.

Le cramique

C'est un pain aux raisins secs au fin parfum de cardamome. Les Belges sont très friands de pains doux et ils sont très pointilleux concernant le cramique. Si le boulanger réduit par inadvertance la quantité de raisins secs, on lui réclame d'avoir utilisé une bicyclette ou des bésicles pour trouver les raisins qui se faisaient rares.

2 tasses de raisins secs Sultanas
gonflés 1 heure dans du thé noir
ou de l'eau chaude pour couvrir,
égouttés et asséchés sur un papier
2 1/2 c à soupe OU 7 c à thé de levure sèche
à pain active
1 c à thé de sucre
1 tasse d'eau chaude (110°F)
8 tasses de farine tout-usage OU de préférence un peu moins
de farine à pain
2 tasses de lait
1/2 tasse de beurre OU 1/4 de livre de beurre
4 c à soupe de sucre
2 c à thé de sel
1/2 c à thé à 1 c à thé de cardamome
3 gros oeufs battus légèrement
dorure: 1 jaune d'oeuf battu
2 c à soupe d'eau

Laisser gonfler la levure dans l'eau tiède (110°F) pendant 10 minutes. Chauffer le lait, le sucre, le beurre et le sel jusqu'à ébullition. Retirer du feu et laisser tiédir. Ajouter les 3 oeufs battus, 4 tasses de farine et les raisins égouttés. Bien battre. Incorporer le restant de la farine et la cardamome en brassant. Renverser la boule de pâte sur une surface enfarinée et incorporer le restant de la farine en pétrissant de 12 à 15 minutes ou plus. Couvrir et laisser gonfler jusqu'à ce que le volume ait doublé. Abaisser la pâte avec le poing et couper en deux portions. Déposer les pâtons dans des moules à pain rectangulaires de 9 x 5 x 3 po généreusement beurrés. À défaut de moules, former des miches ou des boules avec la pâte. Laisser lever pendant au moins 55 minutes ou jusqu'à ce que la pâte dépasse d'au moins 1 po la hauteur du ou des moules. Cuire dans un four préchauffé à 375°F ou à 400°F pendant au moins 50 minutes.

N.B.: Le pain est cuit quand un bruit sourd résonne quand on frappe les côtés ou le fond du moule.

Pain-éclair aux raisins à la belge

C'est un pain sans oeufs — rapide à préparer

1 tasse de raisins secs Sultana
2 tasses de flocons d'avoine (gruau)
2 tasses de farine tout-usage
1/4 tasse de son naturel OU de germe de blé
1 c à thé de sel
1 c à soupe de poudre à lever chimique
1 c à thé de bicarbonate de soude (soda)
1/4 tasse de sucre
4 c à soupe d'huile végétale OU de margarine fondue
1/2 tasse de mélasse noire
1 3/4 tasse de lait OU moitié eau et moitié lait

Mélanger les ingrédients secs. Battre les ingrédients liquides et incorporer dans les ingrédients secs en mélangeant bien. Déposer la pâte dans un moule à pain de 9 x 5 x 3 po graissé et légèrement enfariné. Couvrir et laisser reposer 20 minutes avant de cuire. Mettre au four à 350°F pendant 70 minutes ou jusqu'à ce que le pain soit bien cuit. Démouler sur une grille à pâtisserie et laisser refroidir avant de servir. Recouvrir de papier aluminium la portion non utilisée et garder au frais. Meilleur après un vieillissement de 24 heures. Servir en tranches minces légèrement beurrées.

Aux pays des Vikings

Après l'époque des Vikings, où l'on se battait parce qu'on avait surtout faim, il y a maintenant abondance sur les tables de Scandinavie. Que ce soit en Finlande, en Norvège, au Danemark ou en Islande, tous ces peuples s'accordent pour nous offrir la plus grande hospitalité et nous prouver que les longs mois d'automne et d'hiver, où la noirceur gagne à pas de géant sur le jour, n'ont rien de triste. Un bon livre au coin de la cheminée, la pratique de quelques sports, une vie de famille bien intense et une bonne table sont les potions qu'il vous faut pour vous donner du moral.

La table est plantureuse et offre une variété infinie de poissons fumés, marinés, crus au naturel ou poêlés. Les légumes, comme dans tous les pays où l'hiver s'attarde, se limitent, après un certain temps aux racines, au chou sous toutes ses formes et déguisements, et aux pommes de terre qui sont à l'honneur.

Les soupes et ragoûts de légumes ou de viandes sont aussi très recommandés pour combattre le froid. Les fromages sont délicieux et variés: Jarlsberg, Havarti, bleu danois pour n'en nommer que quelques-uns. Les petits fruits comme les lingonnes, canneberges, framboises et mûres sont surgelés et traités en compotes légèrement épaissies à la fécule de maïs ou de tapioca-minute. Ces compotes ou crèmes sont ensuite fouettées jusqu'à l'obtention de mousses exquises, légères et délicates en saveur. La patience n'est réellement pas à la limite de leurs forces, quand on fait l'inventaire de tous les pains et pâtisseries que l'on prépare encore à la maison. On boulange avec amour en pensant que le printemps s'en vient...

Je vous suggère donc un menu de petit déjeuner ou brunch à la scandinave qui vous ravira de par sa simplicité et sa variété.

L'Aquavit est l'eau-de-vie à base de grains et parfumée délicatement aux graines de carvi, graines d'anis, de cardamome et autres parfums. L'Aquavit se boit "sec" et très glacé.

SANTÉ! SKOL!

Aquavit en bloc de glace

Bien rincer un contenant de lait ou un contenant en carton ciré de 2 litres. Remplir d'eau au 2/3, y déposer la bouteille d'aquavit, debout dans l'eau. Congeler au moins 6 heures OU jusqu'à ce que la bouteille tienne bien dans son bloc de glace bien ferme. Passer le carton sous l'eau. Déchirer le carton qui entoure la glace.

Déposer ce bloc dans un bac ou bol de verre transparent. Servir l'aquavit très glacé. (Ainsi, l'eau-de-vie est dégustée très froide et non altérée par la fonte de glaçons.) Présentation très spectaculaire.

AU MENU

Le jus de canneberges chaud ou rafraîchi
Le glogg scandinave
Le gâteau d'omelette et jambon
Les crêpes dentelles aux pommes de terre
Le hachis de rôti et de pommes de terre à l'oeuf cru
Le gravlax OU saumon "cuit" en marinade
Le pain Limpa à la suédoise
Petits gâteaux aux pommes et aux amandes

Jus de canneberges chaud ou froid

1 ou 2 litres de jus de canneberges
8 grains de cardamome écrasés
1 bâton de cannelle

Chauffer le jus avec les épices. Laisser infuser dans un caquelon émaillé.

Servir bouillant ou avec des glaçons.

Glogg scandinave

1 litre de vin rouge sec
au moins 1 tasse de vermouth rouge sec
1 à 2 tasses de jus de canneberges
Zeste en spirale d'une orange piqué de 6 clous de girofle
Petit zeste de citron
1/2 tasse de raisins secs Sultana OU de Corinthe
8 grains de cardamome écrasés OU 1 c à thé de cardamome moulue
1 bâton de cannelle
1 morceau de gingembre frais de 1 po écrasé
15 à 20 amandes blanchies, entières

Porter tous les ingrédients presque à ébullition, sauf les amandes. Laisser infuser pendant au moins 6 heures dans une cocotte émaillée. Réchauffer et ajouter les amandes. Laisser mijoter 10 minutes. Déposer une bouteille de vodka ou d'aquavit dans une marmite contenant de l'eau très chaude pour réchauffer l'alcool. Au moment de servir, flamber au-dessus d'un bol à punch contenant le glogg bien chaud. Déposer quelques cubes de sucre sur une cuillère perforée, verser l'alcool chaud sur les cubes et flamber en passant une allumette au-dessus.

Gâteau d'omelette au bacon fumé et jambon

4 tranches de bacon fumé
6 tranches moyennes de jambon bien maigre
7 oeufs
1 c à soupe de farine OU de chapelure fine de pain de seigle
1 c à thé de moutarde type DELI ou allemande (facultatif)
Poivre du moulin

Déposer les tranches de bacon coupées en 12 lardons dans un poêlon froid de 7 po. Cuire sur feu moyen jusqu'à ce que les lardons soient presque croustillants. Retirer le gras de cuisson, sauf 1 cuillerée à soupe. Faire revenir les tranches de jambon sans les dorer. Égoutter les lardons sur du papier absorbant et mettre de côté. Brasser les oeufs, poivrer et assaisonner avec un peu de moutarde, de chapelure ou de farine. Mélanger. Verser les oeufs sur le jambon. Couvrir à moitié et cuire sur feu moyen jusqu'à ce qu'ils soient bien cuits. Saler. Saupoudrer d'oignons verts ou de ciboulette hachée. Servir chaud ou froid, en pointes, avec des petites crêpes dentelles aux pommes de terre.

Crêpes dentelles aux pommes de terre

3 grosses pommes de terre
2 c à soupe de farine
1 c à thé de poudre à lever chimique (facultatif)
sel, poivre, fraîchement moulu
Friture à l'huile végétale et beurre

Peler et laver les pommes de terre. Râper. Incorporer rapidement la farine, le sel, le poivre et, si désiré, la poudre à lever. (Les pommes de terre noircissent au contact de l'air. Ne pas rincer les pommes de terre râpées.) Cuire les crêpes de pommes de terre par petites cuillerées jetées dans l'huile et le beurre chauds (2 c à soupe d'huile et 1 c à soupe de beurre). Rajouter la même quantité de beurre et d'huile au besoin. Dorer les crêpes d'un côté. Retourner et cuire quelques secondes ou jusqu'à ce qu'elles soient cuites et croquantes.

N.B.: Ces crêpes accompagnent bien le gâteau d'omelette au jambon et elles sont agréablement rehaussées par une sauce aux pommes acidulées ou des pommes pelées et tranchées revenues dans du beurre mousseux et chaud avec quelques gouttes de jus de citron, du sel, du poivre et du sucre, au goût. On peut aussi ajouter une pincée de muscade ou de cardamome moulue.

Hachis de rôti de viande et pommes de terre à l'oeuf cru

Desserte de rôti de boeuf, de veau, d'agneau ou de porc
1 petit oignon émincé
3 à 4 pommes de terre, coupées en petits dés
1 c à thé de vinaigre blanc
gras pour la cuisson
1 jaune d'oeuf en demi-coquille, par convive

Dans un petit poêlon ou une petite casserole, faire revenir l'oignon dans 2 cuillerées à soupe d'huile végétale jusqu'à ce qu'il soit tendre. Ajouter la viande et cuire jusqu'à ce qu'elle soit chaude. Ne pas triturer inutilement les dés de viande. Dans un autre poêlon, faire chauffer 2 cuillerées à soupe d'huile d'olive et 1 cuillerée à soupe de beurre ou de gras de cuisson. Rissoler les dés de pommes de terre et, lorsqu'ils sont bien dorés, les mélanger immédiatement avec la viande. Déposer une portion dans chaque assiette individuelle. Faire un puits au centre et déposer un jaune d'oeuf cru présenté dans une demi-coquille. Chaque convive renversera la coquille et mélangera le jaune d'oeuf avec le hachis. Le jaune cuira immédiatement en liant la viande. Servir avec des petits cubes de betteraves marinées, du pain de seigle nature ou limpa.

Gravlax ou saumon "cuit" en marinade

3 à 4 livres de saumon frais en 2 filets, avec la peau
1/3 de tasse de gros sel finlandais OU Kosher (ou à mari-
nades)
1 gros bouquet d'aneth frais OU 2 c à soupe d'aneth séché
3 c à soupe de cassonade OU de sucre brun
3 c à soupe de sucre blanc
1 c à soupe d'épices mélangées à marinades, écrasées
1 c à soupe de poivre en grains, écrasés

Demander au marchand de poisson de retirer l'arête centrale du poisson. Garder la peau des 2 filets de saumon. On peut aussi fileter soi-même le poisson avec un couteau à fileter à longue lame.

Déposer un filet de saumon, en retournant la peau vers le fond, dans un plat ou un contenant de verre. Saler en frottant le sel contre la chair pour qu'il l'imprègne bien. Frotter les filets avec un mélange de sucre, d'aneth, d'épices et de poivre. Si on utilise de l'aneth frais, le déposer entre les deux filets de poisson et recouvrir d'une planche de bois et d'un poids (ex.: une brique recouverte de papier aluminium ou des boîtes de conserve lourdes). Réfrigérer pendant 48 heures pour laisser mariner. Retourner le poisson à toutes les 12 heures. Arroser de marinade. (On peut aussi ajouter des rondelles d'oignon cru à la marinade mais la recette traditionnelle ne le recommande pas.) Après 48 heures, éponger les filets et les débarrasser des épices qui auraient pu y adhérer. Déposer sur une planche de bois de service et trancher de biais très finement. Servir avec du pain noir, du pain de seigle ou des biscottes ryevita ainsi qu'avec une salade d'oignons crus arrosée de jus de citron, d'huile, de sel, de poivre et de sucre que l'on aura préparée au moins 2 heures d'avance. Décorer l'assiette avec des petites pommes de terre cuites à la vapeur enrobées dans un mélange de crème sure, de sel, de poivre, de persil et d'aneth.

Pain "Limpa" à la suédoise

2 enveloppes de levure sèche active granulée
1/2 tasse d'eau chaude, 110°F
1 c à thé de cassonade
2 tasses d'eau chaude à 110°F
1/4 tasse de cassonade ou sucre brun
1/3 de tasse de mélasse
3 c à soupe de beurre ou de margarine
1 c à soupe de sel
2 c à soupe de zeste d'orange
1 c à thé de graines d'anis écrasées
1 tasse de farine de blé concassé (cracked wheat flour)
OU 2 tasses de farine de blé entier
3 à 3 1/2 tasses de farine de seigle
2 à 3 tasses de farine tout-usage

Laisser gonfler la levure dans l'eau additionnée de cassonade pendant 10 minutes. L'ajouter à l'eau, à la cassonade, à la mélasse, au beurre, au sel, au zeste d'orange et aux graines d'anis écrasées (avec un marteau ou un maillet de métal). Brasser. Ajouter la farine de blé concassé ou de blé entier. Bien battre. Renverser la pâte sur une surface de travail enfarinée avec les 2 tasses de farine tout-usage. Pétrir en incorporant le plus de farine possible de 12 à 15 minutes, ou plus. Déposer la boule de pâte dans un bol graissé. Enduire la pâte de matière grasse. Recouvrir d'une pellicule de plastique et d'un linge. Laisser gonfler jusqu'à ce que le volume ait doublé. Abaisser la pâte avec le poing. Couper en 2 morceaux. Recouvrir d'un linge et laisser reposer 10 minutes. Rouler un pâton en forme cylindrique de 12 po en allongeant les extrémités. Pincer les bouts et replier sous le pain. Former l'autre pâton en boule. Aplatir légèrement avec la paume de la main. Déposer les deux pains sur une tôle graissée et saupoudrée de semoule de maïs (cornmeal). Recouvrir d'un linge et laisser gonfler au moins 35 minutes. Pratiquer 3 incisions diagonales avec une lame de rasoir ou de couteau sur les pains. Brosser le dessus avec la dorure (1 oeuf battu avec 2 cuillerées à soupe d'eau) ou avec un mélange d'eau et de sel. Cuire au four à 400°F de 35 à 40 minutes.

Petits gâteaux aux pommes et aux amandes

Une spécialité exquise!

pâte brisée à la suédoise:
1 1/2 tasse de farine tout-usage
1/2 c à thé de poudre à lever chimique
1/2 c à thé de sel
zeste de 1/2 citron
4 c à soupe de sucre à glacer
1/4 c à thé de cardamome en poudre
pincée de muscade
3 c à soupe de beurre
3 c à soupe de graisse végétale
2 oeufs entiers battus
1 c à soupe de vinaigre blanc

Déposer les ingrédients secs dans le bac du robot culinaire. Mettre en marche et arrêter à 4 reprises. Déposer le beurre et la graisse végétale. Mettre en marche et arrêter à 7 reprises jusqu'à la formation de gros flocons. Mettre l'appareil en marche une autre fois et verser les oeufs battus et le vinaigre par l'ouverture. Battre jusqu'à l'obtention d'une pâte qui adhère à la partie centrale de l'appareil. (La pâte sera collante.) Fraiser la pâte ou incorporer un peu de farine sur une surface de travail jusqu'à ce qu'elle ne colle plus. Rouler 1/3 de la pâte pour obtenir 12 morceaux de 2 1/4 po qui serviront à recouvrir les gâteaux ou les tartelettes. Diviser la pâte restante dans 12 moules à muffins de 2 1/2 po bien beurrés. Étendre la pâte avec les doigts dans le fond et contre les parois. Remplir avec la préparation à base de pommes et d'amandes suivante:

3 pommes vertes et acidulées, pelées et coupées en petits dés
2 c à soupe de raisins de Corinthe
12 amandes blanchies, coupées en morceaux OU d'amandes effilées
1 tasse de confiture de framboises, d'abricots ou de gelée de pommes

Bien mélanger le tout et remplir les moules à muffins comme mentionné. Couvrir les moules avec les carrés de pâte et bien sceller chaque moule en pressant la pâte avec les doigts. Cuire à four 375°F environ 40 minutes ou jusqu'à ce qu'ils soient bien cuits.

Retirer les petits gâteaux délicatement des moules et les déposer sur une grille à gâteau. Refroidir et saupoudrer de sucre à glacer.

Occasions spéciales

Le brunch de la Saint-Sylvestre ou du premier de l'an

Il est de coutume heureuse de sabler le champagne en fin d'année et le premier de l'an. Toutefois avec l'inflation du coût de la vie, notre imagination se prête à de légers changements dans nos us et coutumes.

En France, le curé Kir de Dijon n'a-t-il pas innové le fameux apéritif Kir ou l'on marie si savamment l'aligoté blanc bien sec et la non moins célèbre crème de cassis titrée à 20°. Plus tard, on s'est aventuré à présenter le Kir royal ou impérial, du champagne brut auquel on ajoute une larme de cassis.

En Amérique du Nord, plus précisément sur la côte Est longeant l'Atlantique au Canada et aux États-Unis, on récolte abondamment des canneberges ou lingonnes. Ce sont des petits fruits acides qui se prêtent à plusieurs préparations culinaires délicieuses. On présente donc maintenant avec beaucoup d'orgueil le cocktail de "Cape Codder" qui origine évidemment de la station maritime Cape Cod. Ce cocktail à base de jus de canneberges et champagne est une façon originale de joindre l'utile à l'agréable et de rafraîchir les palais très élégamment, et relativement à peu de frais.

Il va de soi que tous les vins mousseux et très secs sont aussi de mise.

AU MENU

Le cocktail Cape Codder

Le cocktail jus de canneberges et jus d'ananas

Le jus de tomate à la Diable

Les suprêmes de pamplemousses et clémentines à la liqueur d'orange

Les champignons crus farcis

Les champignons farcis au four

Les gougeonnettes de poisson — La sauce tartare-maison

Le bouillon de dinde à la garniture d'oeuf

La quiche Bourbonnaise

Les petites charcuteries maison

Les pâtés de foie à la Normande

Les rillettes de porc

L'aspic tomaté à la Portugaise

Le granité à la framboise

La liqueur de framboise maison

La salade de petites laitues, poires et bleu d'Auvergne

Le gâteau aux fruits du temps des fêtes

Les mignardises anglaises

Le café filtre et les digestifs

Le chocolat au lait chaud

Le thé au lait ou au citron

Cocktail Capecodder ou Cape Codder

Dans des flûtes à champagne, des verres type Tulipes ou des très gros ballons à bourgogne, verser 1/3 jus de canneberges et 2/3 champagne brut ou très sec. (Les vins d'appellation Champagne espagnols, allemands ou italiens, sont tous très bien à condition qu'ils soient secs, très secs ou Brut.) Servir glacé. On peut aussi préparer des glaçons avec du jus de canneberges au lieu des glaçons à l'eau; ainsi le cocktail ne perd pas de sa saveur.

On peut aussi préparer un bol à punch contenant les mêmes proportions 1/3 de jus et 2/3 de champagne. Pour 1 litre de jus de canneberges, ajouter 3 et même 4 bouteilles de champagne. Préparer un bloc ou couronne de jus de canneberges en glace. Congeler au moins 12 heures.

Cocktail au jus de canneberges et jus d'ananas

1 litre de jus de canneberges
2 litres de jus d'ananas en conserve
glaçons

Bien mélanger les jus et servir dans un bol à punch ou dans un gros pichet avec beaucoup de glaçons.

Une larme de rhum ambré n'est pas à dédaigner.

Jus de tomate à la diable

2 litres de jus de tomate ou de légumes
Poivre du moulin, au moins 10 à 12 tours
jus de 3 citrons
3 c à thé de sauce anglaise ou worcestershire
1/2 c à thé de sauce Tabasco
Glaçons

Bien agiter le tout et servir en verres "highball" très hauts. Garnir d'un bâtonnet de céleri avec ses feuilles de préférence.

Cette base est délicieuse pour un cocktail à la vodka. Ajouter la vodka individuellement dans les verres, ainsi les personnes ne buvant pas d'alcool pourront profiter de ce cocktail à la diable.

Suprêmes de pamplemousses et clémentines à la liqueur d'orange

Prévoir un demi-pamplemousse et une demi-clémentine par convive.

6 à 7 pamplemousses, pelés
8 clémentines, épluchées
3 c à soupe de sucre à fruits
3 à 4 onces de liqueur à l'orange

Peler à vif les pamplemousses: Avec la lame bien affûtée d'un couteau de cuisine, couper de haut en bas la pelure, en prenant soin de couper jusqu'à la chair. Retirer toute pellicule blanche au goût amer. Sectionner en passant la lame du couteau entre les sections ou goussets du pamplemousse (travailler au-dessus d'un bol). Déposer les sections ou suprêmes de pamplemousses dans un bol de présentation; ajouter les petites clémentines épluchées et débarrassées de toute pellicule blanche. Sucrer au goût et arroser à volonté de liqueur à l'orange. (On peut omettre l'alcool et laisser les pamplemousses rendre leur jus au réfrigérateur.)

Servir les fruits rafraîchis dans des coupes. Garnir de feuilles de menthe, de mélisse ou de géranium.

Les champignons crus farcis

24 champignons blancs crus
8 onces de rillettes OU de cretons
3 c à thé de persil haché
2 queues d'oignons verts, finement hachées
1/2 c à thé de moutarde de Dijon (facultatif)

Bien éponger les champignons et équeuter. Hacher finement les queues et bien mélanger avec les rillettes, le persil, les queues d'oignons verts, la moutarde et, si désiré, une larme de Cognac ou de Brandy. Farcir les têtes de champignons qui ont trempé dans du jus de citron avec ce mélange. Servir sur un lit de laitue ou de cresson. On peut décorer chaque champignon farci avec une lamelle d'olive noire ou verte ou une tranche de cornichon salé ou à l'aneth. (On peut aussi alterner une tranche de cornichon et une petite pointe en diamant de pimiento espagnol ou de poivron rouge.)

Champignons farcis au four

24 champignons blancs crus
2 onces de chair de crabe
3 c à thé de chapelure fine
1 c à thé de gruyère râpé
1 c à thé de fromage parmesan râpé
1 échalote grise OU 2 petits oignons verts émincés
2 c à thé de beurre ou de fromage blanc
6 tours de moulin à poivre — pointe de noix de muscade
pincée de fines herbes de Provence
1 oeuf battu

Éponger les champignons et équeuter. Rincer au jus de citron. Bien mélanger les autres ingrédients et farcir les champignons. Déposer dans un plat à gratin et cuire au four à 375°F pendant environ 15 minutes ou jusqu'à ce qu'ils soient bien cuits. Les champignons doivent être moelleux et la farce bien chaude. Servir avec des cure-dents de fantaisie ou des petites fourchettes à hors-d'oeuvre.

Gougeonnettes de poisson

2 livres de filet de sole ou de turbot
farine assaisonnée de sel et poivre
chapelure fine assaisonnée d'origan
2 oeufs battus
2 c à thé d'huile
1 tasse de lait
bain de friture

Couper les filets de poisson de biais pour faire des languettes ou des bâtonnets de 3/4 x 3 po. Dans une assiette creuse, déposer la farine; dans la seconde le lait; dans la troisième les oeufs battus et l'huile; dans la quatrième la chapelure assaisonnée de sel, de poivre et d'origan. Tremper les bâtonnets de poisson dans chacune des assiettes pour bien les enrober. Déposer au réfrigérateur ou au congélateur. Au moment de servir, plonger les bâtonnets enrobés dans de l'huile très chaude. Déposer quelques morceaux à la fois dans le panier de la friteuse et plonger dans l'huile végétale ayant atteint 360 à 370°F. Déposer les gougeonnettes frites sur du papier absorbant et amonceler en pyramide sur une assiette de service. Servir comme hors-d'oeuvre chauds avec une sauce tartare maison. Prévoir des petites serviettes de papier pour les convives.

Sauce tartare maison

3 tasses de mayonnaise à l'oeuf
6 petits cornichons au vinaigre, émincés finement
1 c à soupe de câpres (facultatif)
6 olives farcies, finement émincées
1 petit oignon, finement émincé
2 petites pointes d'ail, finement émincées
2 oeufs cuits durs, passés au fin tamis
1 petite c à thé de moutarde de Dijon

Émincer tous les ingrédients. Passer les oeufs durs au fin tamis en écrasant avec le dos d'une cuiller. Bien mélanger le tout à la mayonnaise.

Saupoudrer de persil haché et accompagner avec les gougeonnettes.

Bouillon de dinde bien chaud à la garniture d'oeuf

Par convive, prévoir 3/4 de tasse de bouillon.

Préparer un bouillon avec une carcasse de dinde, une mirepoix de poireaux, de carottes et d'oignons émincés, un bouquet de persil, des feuilles de céleri, quelques ailerons de poulet et des pattes de volaille (les pattes de volaille contiennent beaucoup de gélatine et donnent un bon goût au bouillon). Recouvrir avec au moins 5 pintes d'eau. Saler dès le début de la cuisson. Poivrer. Ajouter 1 petit oignon piqué de 2 clous de girofle.

Laisser frémir le bouillon pendant quelques heures ou jusqu'à réduction d'un tiers. Une pincée de cari relèvera discrètement le goût du bouillon. Passer le bouillon dans une étamine. Refroidir. Dégraisser et chauffer sur feu doux pour clarifier. Laisser infuser un petit zeste de citron jaune ou vert.

Garnitures

10 petites échalotes ou oignons verts, finement coupés, (blancs et verts)
6 têtes de brocoli, finement émincées

Omelettes simples: répéter l'opération 4 ou 5 fois pour obtenir le même nombre d'omelettes simples.

Battre 1 oeuf avec 1 cuillerée à soupe d'eau tiède, 1 pincée de persil haché, du sel, du poivre et 1 noisette de beurre. Cuire l'omelette dans un poêlon de 7 po contenant du beurre chaud et mousseux. Déposer l'omelette cuite et très mince sur une surface de travail ou une assiette. Rouler très serré. Laisser reposer de 15 à 20 minutes. Couper l'omelette roulée en fines tranches. Plonger dans le bouillon très chaud. Saupoudrer d'oignon vert et de tête de brocoli crue hachée. Servir immédiatement dans des tasses ou des petits bols.

La quiche Bourbonnaise

1 abaisse de tarte de 9 à 10 po, précuite
1 blanc de poireau émincé (facultatif)
1 c à soupe de beurre
1 c à soupe d'huile végétale
6 tranches de jambon minces
1 tasse de fromage gruyère râpé
2 c à soupe de parmesan râpé
4 oeufs
2 tasses de crème épaisse à 35%
1 c à soupe de beurre fondu
sel — poivre du moulin et une pointe de poivre de Cayenne
muscade râpée

Cuire l'abaisse à 400°F de 10 à 12 minutes en ayant soin de piquer le fond avec une fourchette et de le recouvrir avec une feuille de papier ciré ou aluminium sur lequel on déposera des haricots secs ou du riz cru pour empêcher la pâte de se soulever pendant la cuisson. Faire fondre le beurre avec l'huile dans un poêlon et faire revenir le blanc de poireau finement émincé et le jambon. Égoutter et verser dans l'abaisse. Ajouter les poireaux et saupoudrer de gruyère et de parmesan râpés. Battre les oeufs et la crème épaisse (ou mi crème épaisse, mi crème légère), le sel, le poivre, la muscade et le poivre de Cayenne. Verser dans la croûte. Arroser de beurre fondu. Cuire au four à 375°F pendant environ 35 minutes ou jusqu'à ce que la lame d'un couteau ressorte propre du centre de la quiche.

Pâte à tarte infaillible

4 1/2 à 5 tasses de farine tout-usage
1 c à soupe de sel
2 c à thé de poudre à lever chimique
1 c à soupe de cassonade
1 livre de shortening ou graisse végétale
3/4 tasse d'eau tiède-chaude
1 gros oeuf entier battu
1 c à soupe de jus de citron ou de vinaigre

Dans un grand bol à mélanger, déposer la farine, la poudre à lever, le sel et le sucre brun. Pratiquer une fontaine au centre et y déposer la livre de shortening ou de graisse végétale (ou mieux encore, moitié shortening et moitié beurre doux). À l'aide de deux couteaux, couper le gras et l'incorporer à la farine, jusqu'à l'obtention de morceaux gros comme une noisette. Ajouter le liquide d'un trait et bien mélanger. Fraiser la pâte sur une surface farinée. Réfrigérer.

Pâté de foie à la Normande

1 livre de foie de porc OU, mieux encore, 1 livre de foies de volaille
1 livre de gras de porc OU de panne coupée en dés
2 oeufs
1 gros oignon
2 échalotes grises
4 grosses pointes d'ail revenues dans du beurre
1 c à soupe de sel — poivre du moulin (environ 10 à 12 tours)
pincées de thym, de sauge et de laurier
3/4 de tasse de crème légère ou double
2 c à soupe de farine tout-usage

Hacher le foie de porc ou les foies de volaille avec le hache-viande ou, mieux encore, le robot culinaire. Réduire en purée. Faire revenir les oignons, les échalotes et l'ail dans un peu de beurre et d'huile végétale. Ne pas colorer. Ajouter les légumes, les oeufs, la crème, la farine et les assaisonnements.

Verser dans un moule à pain de 9x5x3 po dont le fond est tapissé de petites bardes de lard. Cuire au bain-marie ou dans un plat contenant au moins 1 po d'eau chaude. Déposer dans un four à 325°F pendant environ 1 heure 30 minutes ou jusqu'à ce que le pâté soit bien cuit (vérifier la cuisson en piquant le centre avec une brochette ou un pic de bambou. Le liquide doit être limpide et non rosé). Servir avec du pain et des cornichons salés ou vinaigrés.

Donne 3 petits moules de 8x4x2 po, 1 grand moule et quelques petites cassolettes ou ramequins individuels.

Les rillettes de porc

3 livres de porc dans l'épaule ou la fesse
3 livres d'échine de porc
2 poireaux, émincés
2 gros oignons, émincés
Poivre du moulin — au moins 2 c à soupe de sel
2 tasses de vin blanc sec ou cidre sec
Eau pour quasi couvrir
2 à 3 feuilles de laurier
Pincée de thym, de marjolaine et de toute-épice (allspice)
4 pointes d'ail

Couper la viande de porc en gros cubes et demander au boucher de découper les morceaux d'échine en pièces de 3 po. Déposer les viandes (on peut ajouter 1 ou 2 rognons de porc ou de veau, en dés) dans une cocotte en fonte émaillée ou une marmite à fond épais. Déposer les poireaux, les oignons, le vin blanc, l'eau, le laurier, le thym et la marjolaine (ajouter la moitié des fines herbes et l'ail au début de la cuisson et le restant à la fin au moment de rectifier l'assaisonnement). Saler, poivrer. Porter à ébullition et laisser mijoter doucement pendant quelques heures en couvrant à moitié. Les viandes doivent être imprégnées de liquide en cuisant et elles se déferont pendant la cuisson. 30 minutes avant la fin de la cuisson, vérifier l'assaisonnement et ajouter l'ail. La viande doit se défaire à la fourchette et le liquide être absorbé. Retirer les os avec précaution et défaire la viande ou battre avec le mélangeur électrique manuel jusqu'à l'obtention d'une belle purée encore filamenteuse. Déposer dans des moules d'aluminium (car les rillettes se congèlent très bien) ou dans des petites terrines ou des petits bols. Laisser refroidir à la température de la pièce et réfrigérer ou surgeler. Déguster avec du pain de ménage, une bonne baguette ou des toasts de type Melba.

L'aspic tomaté à la Portugaise

4 sachets de gélatine neutre OU 4 c à dessert de gélatine
1/2 tasse d'eau froide
4 tasses de jus de tomate ou jus de légumes
1 grosse pomme verte acide, coupée en dés fins
2 oignons en dés
2 branches de céleri, coupées en biais ou en dés
1 poivron vert, coupé en menus dés
1 poivron rouge (petit) en petits dés
1 c à soupe de sel — poivre du moulin
1/2 c à thé de coriandre moulue
3 c à thé de sucre
2 c à thé de vinaigre blanc ou de cidre
1/2 tasse de sherry sec

Laisser gonfler la gélatine dans l'eau froide. Porter les autres ingrédients à ébullition et laisser cuire une dizaine de minutes.

Couler ou passer dans une étamine. Ajouter la gélatine et dissoudre. Verser la préparation dans un moule en forme de couronne de 1 1/2 litre. (On peut utiliser des petits moules de fantaisie.) Laisser refroidir à la température de la pièce avant de réfrigérer. Servir très froid car la gelée doit être bien prise. Servir sur un lit de laitue et de cresson.

N.B.: Temps minimum de réfrigération: 12 heures.
On peut garnir la cavité de la couronne d'aspic aux tomates par une salade de lamelle ou dés de poires d'avocats additionnée d'une vinaigrette à l'ail et au citron, ou emplir la cavité de la couronne d'aspic aux tomates par une purée d'avocat telle la purée Guacamole à la mexicaine: écraser à la fourchette la chair de 2 à 3 avocats ou poires d'avocats, le jus de 2 citrons, 2 pointes d'ail finement émincées, 1 petit oignon émincé ou râpé. Sel, poivre du moulin, quelques gouttes de sauce Tabasco (facultatif), une pincée de poudre de chili et une bonne poignée de fromage râpé (type cheddar mi-fort OU colby ou brick). Réfrigérer la purée d'avocat en prenant soin de placer au centre de la purée le noyau de l'avocat — ceci empêche de noircir la sauce par l'oxydation au contact de l'air.

Le granité à la framboise

3 tasses d'eau
1/2 tasse d'eau
Zeste de citron
1 boîte de framboises non sucrées surgelées
2/3 tasse de liqueur de framboise OU d'alcool de framboise

Porter l'eau, le sucre et le zeste de citron à ébullition. Laisser cuire 5 minutes. Ajouter les framboises surgelées et le jus de 1 citron. Cuire quelques minutes ou jusqu'à ce que les framboises se défassent et forment un mélange homogène. (La préparation ne doit pas être claire.) Passer au mélangeur électrique ou au robot culinaire, puis dans une étamine ou un tamis. Ajouter l'alcool. Bien brasser et déposer dans un plat allant au congélateur. Râcler les contours du plat où les cristaux se forment et passer le granité au robot culinaire ou dans le mélangeur électrique (par petites quantités). (Le robot culinaire réussit les granités et les sorbets de façon spectaculaire.) Remettre le granité fouetté au réfrigérateur. Au moment de servir, laisser reposer à la température de la pièce. Servir des petites boules dans des verres à vin (de préférence, des verres à vin rosé droits). Garnir d'une feuille de mélisse, de menthe fraîche ou de géranium à la rose.

N.B.: Le granité aux framboises remplace ou fait office de trou normand, avant les fromages et la salade. Plus sucré, il peut être servi comme dessert avec un petit biscuit ou une galette maison.

Liqueur à la framboise maison

Égal poids de sucre et de framboises bien propres.

Déposer dans un pot qui ferme hermétiquement. Couvrir d'alcool blanc, telle vodka ou alcool à 90°F. Fermer hermétiquement. Laisser MÛRIR et vieillir au moins 3 mois.

(Les framboises donneront leur jus et l'alcool devient rouge et parfumé à la framboise.)

N.B.: Même recette pour tous les petits fruits. Ne pas agiter pendant le temps de maturation.

La salade de petites laitues, poires et bleu d'Auvergne

Dans un saladier, déposer par ordre des feuilles d'épinards et des petites laitues telles rugola, scarole, boston et chicorée. Superposer une rangée de lamelles de poires fraîches, tout autour du bol. Égrener du bleu d'Auvergne (ou bleu Danois) au centre. Parsemer de noix. Servir l'huile d'olive et le vinaigre de vin blanc à l'estragon OU le jus de citron à part. Chaque convive prépare sa salade et ajoute les assaisonnements à son gré.

Les mignardises anglaises

1 tasse de beurre
2 tasses de farine tout-usage
2 tasses de cassonade
1 tasse de cassonade
4 oeufs
2 c à soupe de farine
1 tasse de noix de coco râpée
2 tasses de pacanes ou de noix grenoble, hachées

Réduire le beurre et la cassonade en crème. Ajouter la farine.

Étendre ou étaler la pâte sur une plaque à gâteau roulé de 15x10x1 po graissée. Bien presser la pâte avec les paumes des mains afin de bien distribuer la pâte. Cuire au four à 375°F, 15 minutes.

Pendant ce temps battre les oeufs et la cassonade avec 2 cuillerées à table de farine. Ajouter la noix de coco et les noix grossièrement hachées.

Verser cette préparation aux noix sur la pâte à demi-cuite. Retourner au four et cuire 20 minutes.

Sortir du four et IMMÉDIATEMENT SAUPOUDRER de sucre blanc granulé.

Lorsqu'à demi-refroidi, couper en losanges en très petites pièces.

Comment couper les mignardises:

Couper droit à intervalle d'un pouce, sur le sens de la longueur et couper en BIAIS sur le sens de la largeur.

Lorsque les mignardises sont refroidies complètement, les ranger dans une boîte métallique et fermer hermétiquement. Garder au frais.

Le brunch du
Jour des Rois

Les Ukrainiens célèbrent leur fête de Noël le 6 janvier. Aussi, pour plusieurs enfants dans le monde, le jour des Rois demeure la tradition du "Petit Noël". La veille, le 5 janvier au soir, les enfants cirent bien brillantes leurs plus belles chaussures et les déposent près de l'âtre de la cheminée ou près d'une porte d'entrée. Et par "magie", le lendemain, les enfants trouvent les chaussures remplies de douceurs, quelques pièces de monnaie et peut-être un mot spécialement écrit par l'un des rois Mages.

Ensuite on passe à table pour un léger petit déjeuner, car la fête commence réellement vers 11:00 quand les invités arrivent pour déguster la couronne ou la galette des rois.

Le roi et la reine d'un jour devront "payer" la rançon d'une gloire éphémère en offrant une fête le jour de la Chandeleur, le 2 février.

AU MENU

Le cidre chaud en tasses

La compote aux fruits secs et aux abricots au sirop

Les omelettes individuelles, aux garnitures salées et sucrées

Garnitures salées:

Garniture aux saucisses grillées ou rôties

Garniture au chorizo espagnol

Garniture aux pommes de terre Lyonnaises

Garniture au bacon fumé bien croustillant

Garniture aux poivrons verts et rouges à la Portugaise

Garniture à la sauce bâtarde et au jambon

Garnitures sucrées:

Garniture à la marmelade d'orange et à la liqueur d'orange

Garnitures de gelées de casses, framboises ou groseilles

L'omelette flambée au rhum

La galette à la frangipane

La couronne des rois des Amériques Latines (La rosca de los reyes)

Le chocolat au lait à l'espagnole

Le cidre chaud en tasses

Porter presque au point d'ébullition: 2 litres de cidre très sec ou plus, 1 bâton de cannelle, 1 pelure de pomme découpée en spirale piquée de 3 clous de girofle, 1 pomme pelée et coupée en petits dés. Laisser mijoter pendant au moins 30 minutes. Servir dans des tasses.

La compote de fruits secs
et d'abricots au sirop

1 sachet (12 onces) de pommes séchées en tranches
1 sachet (12 onces) de pruneaux très gros OU plus si désiré
1 sachet (12 onces) d'abricots secs
1 sachet (12 onces) de morceaux de poires ou pêches séchées
Eau pour couvrir
1 petite boîte d'abricots au sirop

Bien rincer les fruits secs. Déposer dans une casserole et recouvrir d'eau. Laisser tremper pendant 30 minutes pour laisser les fruits gonfler. Porter à ébullition. Baisser la température et laisser mijoter une quinzaine de minutes ou jusqu'à ce que les fruits soient bien tendres mais non défaits en purée. Retirer du feu. Laisser tiédir et servir dans un bol (de préférence transparent). Ajouter les abricots au sirop. Laisser refroidir au moins 12 heures. Ne pas sucrer. Servir dans des petits bols et, si désiré, décorer avec un morceau ou une tranche de kiwi.

Les omelettes individuelles
aux garnitures salées et sucrées

Les omelettes peuvent se préparer en cuisine avec les garnitures déjà préparées et placées sur la table. On peut prévoir des garnitures très variées et les déposer en caquelons ou raviers comme pour une fondue bourguignonne. Chaque convive garnit son omelette et se prépare souvent des concoctions inimaginables.

Les omelettes peuvent aussi se préparer à table sur un bi-plan à raclette ou dans une belle poêle en cuivre placée sur un réchaud au méthyl-hydrate. Toutefois, la vraie et unique poêle spéciale à omelette et la préparation en cuisine sont les ingrédients pour la réussite d'omelettes "feuilletées" bien chaudes.

Par convive: prévoir 2 ou 3 oeufs, 1 cuillerée à soupe d'eau tiède, 1 cuillerée à thé de beurre en dés et du poivre fraîchement moulu. Ne saler qu'à la toute fin de la cuisson.Battre légèrement les oeufs avec l'eau, le beurre et le poivre. Chauffer un poêlon à omelette très lourd en acier bleu ou un poêlon de 6 à 7 po de diamètre à revêtement anti-adhésif.

Faire fondre 2 cuillerées à soupe de beurre jusqu'à ce qu'il soit blond et mousseux. Verser les oeufs battus. Secouer le poêlon de droite à gauche en formant des cercles. Répéter l'opération 4 fois ou brasser délicatement à la fourchette en dessinant des mouvements d'aller-retour afin de bien feuilleter l'omelette.

Lorsque l'omelette est encore baveuse en surface, déposer la garniture choisie par-dessus. Glisser ouverte sur une assiette de service. Chaque convive complète la garniture à son goût.

Plier ensuite l'omelette en deux ou la rouler. Pour une omelette nature: replier vers le centre la partie opposée à la queue du poêlon et glisser l'omelette sur une assiette de service. Replier l'autre partie vers le centre et servir.

Garniture aux saucisses grillées ou rôties

Piquer des petites saucisses anglaises à déjeuner, des Toulouse ou des Merguez. Déposer dans un poêlon froid et cuire lentement sur feu moyen en les retournant fréquemment. Lorsqu'elles sont bien cuites, les saupoudrer de persil. Servir avec un bol rempli de menthe hachée. On peut aussi couper les saucisses de biais.

Garniture au chorizo espagnol

Retirer la chair de saucisse de son enveloppe et frire dans un peu d'huile.

Garniture aux pommes de terre Lyonnaises

3 ou 4 grosses pommes de terre cuites, coupées en dés ou lamelles
1 gros oignon
1 blanc de poireau, émincé
3 c à soupe d'eau
1 c à thé de vinaigre blanc
3 c à soupe de beurre
1 c à soupe de saindoux ou d'huile végétale
Sel — poivre — pointe de muscade

Faire chauffer le beurre et l'huile ou le saindoux. Faire revenir les oignons et le poireau. Verser l'eau et le vinaigre.

Couvrir à moitié et laisser attendrir les oignons en les faisant légèrement rissoler. Ajouter les pommes de terre, mélanger délicatement avec les oignons et cuire jusqu'à ce qu'elles soient chaudes et légèrement rissolées. Saler et poivrer au goût. Assaisonner avec un soupçon de muscade.

Garniture au bacon fumé croustillant

Faire cuire du bacon jusqu'à ce qu'il soit sec et croustillant.

Egoutter et émietter. Ajouter 3 petits oignons verts finement émincés (blancs et verts) et une pincée de persil ou de thym frais. Garnir l'omelette de bacon et, si désiré, de pommes de terre.

Garniture aux poivrons verts et rouges à la Portugaise

1 gros poivron rouge et 1 vert, coupés en lamelles
1 gros oignon, émincé
3 tomates fraîches et blanchies OU 12 onces de tomates en conserve
Pincée de sucre — sel et poivre
Un soupçon de piments secs forts

Faire revenir le poivron dans l'huile chaude. Ajouter les oignons et faire revenir jusqu'à ce qu'ils soient transparents.

Ajouter les tomates, le sucre, le sel, le poivre et le piment.

Laisser mijoter jusqu'à réduction légère. Servir chaud ou froid.

N.B.: Une petite pointe de safran donne une couleur et un goût exquis à ce plat.

Garniture à la sauce bâtarde et au jambon

2 c à soupe de beurre
2 c à soupe de farine
1 1/2 tasse d'eau
Grosse pincée de sel, poivre du moulin
1 c à thé de moutarde de Dijon et une pointe de moutarde canadienne préparée
Jus de 1/2 citron
1 jaune d'oeuf
1 cornichon à l'aneth (dill) finement haché
1 c à thé de câpres (facultatif)
1 tasse de jambon ou plus, coupé en dés (ou de la chair de crabe pour une autre garniture)
Pincée de cerfeuil OU de fines herbes de Provence

Dans une casserole de grosseur moyenne, faire fondre le beurre jusqu'à ce qu'il soit chaud et mousseux. Ajouter la farine et brasser jusqu'à la formation de mousse ou de bulles. Verser l'eau d'un trait. Cuire pendant quelques minutes en brassant avec une cuillère de bois. Assaisonner et ajouter le jus de citron. Cuire jusqu'à bouillonnement. Battre vigoureusement le jaune d'oeuf dans la sauce. Rectifier l'assaisonnement. Ajouter les dés de jambon. Servir très chaud ou tiède.

Garniture à la marmelade d'orange et à la liqueur d'orange

Fondre la marmelade et ajouter un filet de liqueur d'orange.

On peut saupoudrer l'omelette pliée en deux et bien chaude de sucre granulé.

Flamber la marmelade et la liqueur d'orange bien chaudes en passant une allumette allumée au-dessus de l'alcool. Verser sur l'omelette.

Le sucre granulé provoque la flamme.

Garnitures aux gelées de choix

Fondre les gelées et les servir chaudes en caquelons ou déposer tout simplement quelques cuillerées de gelée de votre choix. Plier l'omelette.

La chaleur de l'omelette fera fondre la confiture ou la gelée.

L'omelette flambée au rhum

Préparer l'omelette, la plier en 2 ou en 3. Saupoudrer de sucre granulé.

Chauffer du rhum brun ou blanc et verser sur l'omelette. Flamber.

La galette à la frangipane

La crème frangipane est tout simplement une crème pâtissière bien épaisse à laquelle on ajoute des macarons ou amaretti italiens écrasés OU à défaut d'amaretti, incorporer 1/2 tasse de pâte d'amande.

Pâte feuilletée surgelée
Crème frangipane
1 pois ou 1 fève sec

Dans un bol à mélanger, déposer 4 onces de farine, 4 onces de sucre, 2 cuillerées à soupe de fécule de maïs et 3 oeufs entiers.

Battre et verser ensuite 3 tasses de lait froid dans ce mélange en brassant. Déposer la préparation dans une casserole à fond épais et brasser jusqu'à épaississement avec une cuillère de bois (ne pas utiliser un autre ustensile que la cuillère de bois).

Séparer la crème pâtissière en deux parties. Aromatiser la première partie avec de l'essence de vanille et la seconde avec des macarons émiettés ou de la pâte d'amande. Bien battre. Refroidir.

Abaisser la pâte feuilletée pour la rendre très mince. Couper un cercle de 10 po et un autre de 9 po Sur le cercle de 9 po, brosser ou asperger un peu d'eau (cette opération aide la pâte feuilletée à lever). Asperger également la plaque de cuisson.

Étendre la crème pâtissière au centre en laissant 1 po tout autour de la pâte. Déposer un pois ou une fève au centre.

Humecter la bordure de la pâte. Recouvrir avec l'abaisse de 10 po. Pratiquer quelques incisions en bordure avec un couteau pointu. Ou plier l'abaisse de 9 po en deux avant de la recouvrir et pratiquer quelques incisions ici et là. Couper un cercle de 2 po avec un coupe-pâte pour faire une ouverture au centre. Brosser avec un peu d'eau froide et saupoudrer de sucre granulé. Cuire au four à 375°F jusqu'à ce que le dessert soit bien doré et la pâte bien levée et feuilletée.

La rosca de los reyes
(couronne des Rois des Amériques Latines)

1 enveloppe OU 1 c à soupe de levure sèche granulée
1/2 tasse d'eau chaude à 110°F
1 c à thé de sucre
1/4 c à thé de gingembre en poudre (pour activer la levure)
3 tasses de farine tout-usage ou à pain
1/2 c à thé de sel
5 c à dessert de sucre
2 oeufs entiers
2 jaunes d'oeufs
7 c à dessert de beurre mou
Zeste de 1 citron
1/2 c à café de cannelle moulue
1 1/2 tasse de fruits confits mélangés et coupés
1 petite poupée miniature de porcelaine OU 1 sou bien propre
6 c à soupe de sucre à glacer
Jus de un demi-citron vert
Quelques gouttes d'eau

Laisser gonfler la levure dans l'eau chaude additionnée de sucre pendant 10 minutes. Dans un bol, mélanger le beurre, les oeufs, les jaunes d'oeufs, le zeste de citron, le sucre et le sel en brassant. Ajouter la moitié de la farine. Brasser. Verser la levure gonflée d'un trait en brassant. Verser le restant de la farine sur les fruits confits. Bien les enfariner en les incorporant à la pâte. Verser la pâte sur une surface de travail enfarinée et pétrir jusqu'à ce qu'elle ne colle plus sous la paume de la main.

Façonner une couronne avec la pâte. Déposer sur une tôle à pâtisserie graissée. Insérer la petite poupée de porcelaine ou le sou propre. Recouvrir d'un linge et laisser gonfler au double du volume initial. (Pour obtenir une couronne bien formée, déposer un bol de pyrex de 4 po au centre. 15 minutes avant la fin de la cuisson, retirer le bol et poursuivre la cuisson.) Badigeonner avec un peu de beurre fondu. Cuire au four à 350°F de 35 à 40 minutes environ. Laisser refroidir sur une grille à gâteau.

Préparer une petite glace en mélangeant 6 cuillerées à dessert de sucre à glacer, le jus de 1/2 citron et 1 à 2 cuillerées à thé de lait ou d'eau. Brasser et chauffer. Lorsque la préparation est lisse, la verser inégalement sur la couronne. Décorer avec des fruits confits et des noix.

La légende veut que celui ou celle qui trouve la poupée ou le sou donne une fête le jour de la Chandeleur, le 2 février, au cours de laquelle on fêtera les parrains des petits-enfants.

Le chocolat au lait à l'espagnole

Sirop au chocolat maison
4 onces de chocolat amer
8 onces d'eau
4 c à dessert de sucre
Pincée de sel
1 c à thé d'essence de vanille

Dans une casserole de 2 litres, faire chauffer le chocolat, l'eau, le sucre et le sel. Porter à forte ébullition et retirer du feu. Répéter l'opération 3 fois (ce procédé enlève l'amertume et l'amidon du chocolat ou du cacao). Parfumer de vanille.

Ce sirop peut être conservé pendant 1 mois dans un pot bien fermé placé au réfrigérateur.

Chocolat au lait à l'espagnole

Dans une chocolatière de 1 1/2 à 2 litres, verser la recette de sirop au chocolat, 1 litre de lait (ou eau et lait en poudre) et 1 bâton de cannelle. Porter presque à ébullition.

Laisser mijoter au moins 15 minutes sur feu très doux en brassant continuellement au fouet en faisant des mouvements en spirale.

Au moment de servir, battre vigoureusement 2 jaunes d'oeufs.

Bien mousser. Verser le chocolat en tenant le contenant très haut au-dessus de la tasse pour bien faire mousser. Le chocolat au lait sera odorant et mousseux. Sucrer au goût.

N.B.: Les adultes ajouteront avec joie un peu de liqueur de café ou de xérès à cette boisson.

Les crêpes de la Chandeleur

La coutume de "sauter" les crêpes le jour de la Chandeleur, le 2 février, ou le Mardi gras est rattachée à un folklore, à des traditions qui tiennent presque à du fétichisme légendaire dans certaines régions du globe.

Pour certains, les crêpes de la Chandeleur représentent l'espoir du printemps. Pour d'autres, c'est une promesse de bonheur, de chance et de prospérité...si d'une main on fait sauter bien haut une crêpe et qu'on la rattrape dans la poêle. Alors si la crêpe est parfaitement réussie, c'est un gage d'une réussite de l'année qui commence...d'une année remplie de bonheur...et de beaucoup d'argent.

Les crêpes sont de mise à toute heure de la journée. Selon les apprêts et déguisements qu'on leur donne. Les crêpes s'accommodent aussi bien d'une desserte de viande, de légumes ou de poissons ou crustacés les plus fins, ou de fruits. Elles se dégustent chaudes, froides, au sucre, en sauces salées ou sucrées, flambées ou soufflées.

L'art de faire des crêpes dentelles requiert un peu de précision et un bon tour de main. Il est suggéré de préparer une bonne quantité de crêpes fines et de les surgeler par petites quantités de 6 ou 8 crêpes par enveloppe. Ainsi, vous aurez toujours un dessert d'envergure ou une entrée très recherchée et cela, à la toute dernière minute.

AU MENU

Punch au vin chaud aux épices
Les pichets de jus d'orange et jus de mandarine
Le gâteau de crêpes aux épinards et au jambon
Les crêpes farcies aux oeufs durs et à la sauce au cari
Les crêpes aux bananes flambées
Les crêpes au chocolat et au Grand Marnier
Les crêpes à la confiture de cerises noires et au kirsch
Corbeille de fruits frais variés
Café
Chocolat au lait à l'espagnole

Préparation de base pour les crêpes fines

2 tasses de farine tout-usage
1 c à dessert de sucre
1 c à thé de sel
4 gros oeufs
2 tasses de lait
1 tasse d'eau
4 c à dessert de beurre doux fondu

Mélanger les ingrédients secs et incorporer ensuite les oeufs et les ingrédients liquides. Bien battre afin de rendre le mélange homogène. Ajouter le beurre fondu. Battre et laisser reposer à la température de la pièce au moins 1 heure. La préparation doit avoir la consistance d'une crème légère. Au besoin, ajouter un peu d'eau ou de lait.

Chauffer un poêlon de 5 à 6 po de diamètre. Brosser le fond avec un pinceau à pâtisserie enduit de beurre fondu. Retirer le poêlon du feu, le pencher en versant 2 cuillerées à soupe de la préparation. Tourner le poêlon en faisant des mouvements circulaires afin de bien étendre la pâte sur toute la surface.

Cuire sur feu vif. Lorsque les bords commencent à dorer, retourner la crêpe avec la pointe d'un couteau ou une spatule appropriée.

On peut aussi faire sauter les crêpes dans le poêlon dans un bon tour de main. Il est suggéré de travailler avec 2 poêlons pour obtenir un meilleur rendement.

Donne au moins 36 crêpes.

Gâteau de crêpes aux épinards et au jambon

8 à 10 crêpes fines
1 recette de sauce bâtarde au jambon (voir menu des rois)
Épinards à la crème
Fromage à gratiner cheddar ou gruyère râpé
Parmesan râpé

Superposer les crêpes en alternant avec une rangée de farce aux épinards et une autre de sauce au jambon. Saupoudrer de fromage râpé au goût. Répéter les opérations jusqu'à épuisement des ingrédients. Napper le gâteau de crêpes avec un peu de sauce au jambon et recouvrir généreusement de cheddar, de gruyère ou de parmesan râpé. Cuire à 350°F de 12 à 15 minutes ou jusqu'à ce que le gâteau soit bien chaud et gratiné. Couper en pointes pour servir.

N.B.: On peut incorporer des petits restants de poisson, de viande ou de légume à cette recette. On peut aussi préparer une sauce aux champignons ou une crème veloutée en sachet.

Épinards à la crème

1 lb d'épinards frais OU 1 boîte d'épinards surgelés
1 petit oignon
2 à 3 c à soupe de beurre
1/2 tasse de crème épaisse ou de lait concentré type Car-
nation pour les diètes
sel, poivre du moulin et une pointe de muscade

Blanchir les épinards frais ou faire chauffer les épinards sur-gelés dans un poêlon contenant un peu d'eau. Lorsqu'ils sont cuits et bien verts (quelques minutes seulement), les égoutter et les presser contre les parois d'un tamis pour retirer l'ex-cédent d'eau. Hacher et faire revenir dans un poêlon contenant 2 cuillerées à soupe combles de beurre mousseux et un petit oignon émincé que l'on a fait revenir quelques instants plus tôt. Bien mélanger les épinards et les morceaux d'oignon.

Lorsque la préparation est bien chaude, recouvrir de crème et assaisonner de sel, de poivre et de muscade.

N.B.: On peut ajouter à cette recette des moules ou des huîtres pochées et farcir des crêpes fines de 10 à 12 po avec cette préparation. Rouler et gratiner. Servir en tran-ches de 1 à 2 po. Présenter comme hors-d'oeuvre chauds avec un pic de bambou sur lequel on aura piqué un cube de fromage et une tomate miniature.

Les crêpes farcies aux oeufs durs et à la sauce au cari

2 c à soupe de beurre
1 c à soupe d'huile végétale
2 c à soupe de farine
1 petit oignon émincé
2 c à thé ou plus de poudre de cari Madras
1 petite pomme verte acide, pelée et coupée en fins dés
1 c à soupe de noix de coco
1 c à soupe de raisins secs
Jus de 1 citron
1 1/2 tasse de bouillon de poulet
1/2 tasse de crème
6 oeufs durs, épluchés et coupés en gros morceaux
10 à 12 crêpes
Fromage à gratiner

Dans une casserole à fond épais, faire fondre le beurre et l'huile et, lorsqu'ils sont bien chauds, ajouter l'oignon émincé. Faire revenir jusqu'à ce qu'il soit blond. Ajouter la poudre de cari et la cuire sans la faire brûler. Ajouter la farine. Cuire le roux et verser ensuite le bouillon (ou moitié eau, moitié bouillon) d'un trait.

Ajouter les pommes, les raisins et la noix de coco et porter à ébullition. Laisser mijoter sur feu doux en brassant avec une cuillère de bois. Saler et poivrer. Ajouter un filet de jus de citron. Rectifier l'assaisonnement. (Ajouter le jus d'un gros citron si désiré.) Lorsque la sauce est bien cuite, ajouter la crème épaisse ou la crème fraîche (voir recette dans le Menu du petit déjeuner à la française). Ajouter les morceaux d'oeufs durs. Farcir les crêpes et rouler. Déposer dans un grand plat à gratin beurré. Recouvrir avec un peu de sauce et de gruyère râpé (ou 1 c à soupe de beurre fondu et du fromage à gratiner).

Cuire au four à 375°F jusqu'à ce que le plat soit chaud et gratiné.

Crêpes aux bananes flambées

8 crêpes fines
2 c à soupe de beurre
2 c à soupe de sucre brun ou de cassonade
2 bananes, coupées en 4
Rhum brun ou blanc

Dans un poêlon à revêtement anti-adhésif ou en cuivre, faire fondre le beurre. Quand il est bien chaud, ajouter la cassonade en mélangeant bien pour former un caramel. Si désiré, ajouter le jus de 1 orange et de 1/2 citron. Lorsque la sauce est bouillonnante, déposer les bananes qui ont été coupées en deux à l'horizontale, puis en deux à la verticale (huit morceaux). Quand elles sont chaudes, verser 2 onces de rhum et flamber en passant une allumette au-dessus du poêlon. Déposer un morceau de banane sur une crêpe, plier en deux ou en quatre et napper avec un peu de sauce au rhum.

N.B.: Cette recette peut être préparée à table dans un poêlon ou sur un réchaud de méthyl-hydrate.

Crêpes au chocolat et au Grand Marnier

Choisir du kirsch, de la mirabelle, de l'eau-de-vie de poire ou d'orange, au goût
Sucre à glacer en saupoudroir

Les crêpes doivent être bien chaudes. Déposer sur chacune d'elles un peu de chocolat à confiserie. Imbiber de liqueur à l'orange. Plier en quatre et saupoudrer de sucre à glacer.

Autre idée: chauffer de la confiture de cerises noires, y ajouter 1 ou 2 onces de kirsch et procéder comme pour les crêpes au chocolat et Grand Marnier.

Pour amoureux seulement

Le plateau petit déjeuner au lit

S'offrir une grasse matinée, lui dire... je t'aime, et le sourire aux lèvres prétendre aller voir le chat qui fait des siennes. Et VLAN! apparaître avec un joli plateau-lit et le petit déjeuner léger mais qui cache sa part d'aphrodisiaques. Se faire plaisir...et donner égoïstement.

Un petit menu qui se prépare la veille et se monte en cinq minutes. Rien ne gâche l'effet surprise du petit déjeuner au lit, comme les "effets" sonores depuis la cuisine ou s'éterniser à la préparation.

Le menu suggéré est mi-froid et mi-chaud...tout comme l'amour quelquefois. La préparation sera simple mais la présentation soignée et recherchée de petites touches de détails. Fleur, rose, quelques feuilles vertes d'une de vos plantes. Aussi prévoir la veille les ustensiles, vaisselle, serviettes de table rose, blanches ou rouges. Des carrés de sucre, le petit contenant pour la gelée ou la confiture, bref faire la mise en place du menu et de sa présentation.

AU MENU

La flûte de melon cantaloup rose et de framboises au champagne

Les roulés de jambon
Les petites pommes de terre rissolées
Les muffins aux canneberges
La gelée de groseilles rouges OU confiture de fraises
Le bol de café au lait parfumé à la cannelle
La surprise gourmande de la Saint-Valentin
OU
Les fraises au sucre et au porto

La flûte de melon de cantaloup rose et de framboises au champagne

2 flûtes à champagne OU deux tulipes très hautes
1 petit cantaloup à chair rose
Quelques framboises fraîches ou surgelées non sucrées
Champagne ou vin appellation champagne, type espagnol, allemand ou italien

Couper le cantaloup en deux. L'évider (garder les graines pour préparer un breuvage très minéralisant — voir Menu Viva Mexico).

Avec une petite cuillère servant à faire des pommes de terre parisiennes, prélever des petites boules dans la chair du cantaloup. Déposer dans un bol ou un pot, ajouter quelques framboises fraîches ou surgelées, 1 à 2 cuillerées à thé de sucre (pas plus) et un peu de champagne. Couvrir et laisser reposer au réfrigérateur toute une nuit. Au moment de servir, verser des fruits et un peu de liquide dans des flûtes ou des verres-tulipes. Après s'être bien installés au lit avec les plateaux, remplir les verres de champagne. Garnir de petites feuilles de mélisse ou de menthe verte et quelques brindilles de thym frais ou un petit bout de fougère.

Les roulés au jambon

Les roulés se préparent aussi la veille. Très bonne recette pour des petits hors-d'oeuvre froids à l'heure du cocktail.

3 omelettes à un oeuf chacune
3 tranches de jambon haché
1 c à soupe de beurre doux
1 c à thé de moutarde de Dijon aux herbes de Provence
Petit bouquet de persil, finement éminçé (au goût: queue d'oignon vert)
1 c à soupe de crème
Garniture de tomates miniatures et de cresson

Battre l'oeuf, 1 cuillerée à soupe d'eau tiède, 1 cuillerée à thé de beurre en dés et du poivre fraîchement moulu. Verser l'oeuf battu dans un poêlon de 6 à 7 po de diamètre contenant 2 cuillerées à thé de beurre fondu. Cuire l'omelette d'un côté et déposer sur une assiette. Répéter l'opération 2 autres fois.

Préparer le mélange à base de jambon en malaxant en pommade le jambon, la moutarde, le beurre, le persil et les queues d'oignon vert hachées. Ajouter un peu de crème si la préparation est trop épaisse. Étaler un peu de cette garniture sur chaque omelette. Superposer les omelettes sur une pellicule de plastique ou un linge humide. Façonner en rouleau avec le linge ou la pellicule de plastique. Bien serrer afin que les omelettes soient bien enveloppées et réfrigérer pendant toute une nuit. Au moment de servir, couper en tranches de grosseur moyenne et disposer en groupe de trois tranches dans chaque assiette individuelle. Garnir de pommes de terre rissolées ou d'une salade de riz ou de kasha arrosée de vinaigrette légère.

Décorer avec un bouquet de cresson et 2 tomates miniatures.

Délicieux avec des muffins chauds ou froids aux canneberges.

Les muffins aux canneberges

Une bonne recette ultra-rapide et qui donne 12 gros gâteaux ou pains gonflés. Il est recommandé de les préparer la veille et même l'avant-veille. Ranger les muffins dans un gros pot de verre qui ferme hermétiquement ou dans un papier aluminium et réfrigérer. Le goût acide des petits fruits se résorbe en les "vieillissant".

2 tasses de farine tout-usage
2 c à thé de poudre à lever
1/2c à thé de bicarbonate de soude (soda)
1 tasse de canneberges entières fraîches ou surgelées
2 oeufs entiers
4 c à soupe de miel liquide
Jus de 1 orange (4 c à soupe)
Zeste de 1 orange
1/4 tasse de beurre ou margarine fondue
1/3 tasse de lait

Bien mélanger les ingrédients secs dans un bol. Battre les oeufs avec le lait, le miel, le jus d'orange, le zeste et le beurre fondu. Verser d'un trait sur les ingrédients secs avec les canneberges. Brasser avec une fourchette pour amalgamer tous les ingrédients, sans plus. Répartir la pâte dans 12 moules à muffins généreusement beurrés ou enduits de graisse végétale en aérosol. Cuire au four à 400°F pendant 25 minutes ou jusqu'à ce qu'ils soient bien cuits. Laisser refroidir pendant 5 minutes dans les moules et démouler sur une grille à gâteau. Laisser refroidir complètement et ranger dans un pot de verre ou de plastique ou dans une boîte de métal ou du papier aluminium. Garder au frais. Servir au moins 12 heures après la cuisson.

N.B.: On peut remplacer les canneberges par une tasse de bleuets ou de myrtilles, frais ou surgelés. Servir ces muffins chauds. On peut saupoudrer les muffins avec 2 cuillerées à soupe de sucre fin et 1/2 à 1 cuillerée à thé de cannelle avant de les mettre au four.

La surprise gourmande de la Saint-Valentin

C'est une simili-mousse au chocolat blanc. Il va sans dire que la mousse s'accommode aussi de brisures de chocolat doux ou mi-amer.

La présentation de la surprise gourmande au chocolat blanc consiste en une mousse instantanée et surgelée. Servir dans de très petits ramequins de porcelaine ou des petites coupes ou petits verres à vin. Surmonter au moment de servir d'un pétale de rose rose ou rouge.

Dans le bac du robot culinaire ou du mélangeur électrique, déposer dans l'ordre 3 oeufs et 1/3 tasse de sucre. Battre jusqu'à consistance mousseuse. Ajouter 12 onces de chocolat blanc à confiserie râpé grossièrement ou réduit en copeaux.

Verser d'un trait 1 tasse de lait bouillant par-dessus.

Mousser jusqu'à ce que le chocolat soit fondu. Verser dans des ramequins ou des petites coupes. Congeler au moins pendant 6 heures. Garnir d'un pétale de rose rose ou rouge. Déguster dans les 30 minutes qui suivent. Délicieux après le petit déjeuner sur un lit de glace pilée.

Les fraises au sucre et au porto

Simple, frais et élégant

Prévoir un petit bol de service ou un petit panier en faïence contenant du sucre roux Demerara ou de la cassonade et un bol contenant du porto.

Piquer les fraises avec une petite fourchette à hors-d'oeuvre. Passer la fraise dans le porto puis dans le sucre Demerara. Croquer à belles dents.

Le brunch de Pâques

"Oh! Bonnes femmes qui voulez servir Dieu
Apportez-nous chacun une paire d'oeufs
Un bon jambon car voici la saison
Oh! Bonnes femmes vos poules pondront
Et vous irez tout droit au paradis
Comme la poule s'en va à son nid"
Ainsi chantaient les petits enfants lorrains en faisant la quête
des oeufs le matin de Pâques.

Pâques, fête chrétienne traditionnelle, mais aussi un bon pré-
texte pour les gens de toutes confessionnalités pour célébrer le
printemps. L'usage d'offrir des oeufs sous toutes formes le jour
de Pâques, est le symbole de la résurrection, de la fécondité et
du renouveau. Le brunch de Pâques peut être assez élaboré,
mais trêve de prétention, le choix d'un menu simple mais varié
prévaut. Les textures des mets et le choix d'aliments chauds et
froids ajoutent un attrait pour le palais. C'est un brunch très
décontracté qui se sert depuis 11:30 jusqu'à 15:00.

AU MENU

Le vin pétillant ou jus d'orange
Le ravier de crudités
Le ravier d'oeufs farcis printanniers
Les concombres "Miséria"
Le jambon à la mode du chef M. Kretz
Les asperges, sauce beurre citronnée
Les petites pommes de terre nouvelles persillées
La tresse aux oeufs de Pâques à la grecque
La gelée au café
Les galettes dentelle à la graine de sésame

À l'arrivée de chaque invité, servir:
L'oeuf à la coque mollet au gros sel

L'oeuf à la coque mollet au gros sel

Prévoir autant d'oeufs mollets que d'invités:

Oeufs à la coque mollets

Déposer les oeufs qui sortent directement du réfrigérateur dans une casserole; couvrir d'eau froide. Porter à ébullition et retirer IMMÉDIATEMENT de la source de chaleur et COUVRIR. Laisser en attente 6, 7 ou 8 minutes selon la grosseur et le poids des oeufs. Passer à l'eau très froide afin d'arrêter la cuisson.

Éponger les oeufs à la coque mollets et les déposer dans un joli panier ou bol de présentation.

À l'entrée de la maison, près de la porte:

Prévoir une petite table couverte d'une nappe, des petites assiettes, serviettes de table, un couteau à large lame ou en argent et un gros bol de gros sel. Un panier ou bol d'oeufs à la coque mollets.

À l'arrivée de chaque invité, l'hôtesse offre un oeuf. Chaque invité tapotte l'oeuf légèrement avec la lame du couteau et au dessus de la petite assiette l'écale, le passe ensuite dans le gros sel et le croque en prenant bien soin de ne pas échapper de jaune d'oeuf encore un peu coulant.

C'est une coutume polonaise et d'Europe de l'Est qui reflète l'attachement de ces peuples à leurs racines et à l'espoir de la perpétuité de la vie. On comble l'invité qui franchit le pas de la porte, et l'année durant on offre en guise de bienvenue au visiteur étranger, du pain, du sel et quelquefois une pincée de paprika.

Le ravier d'oeufs farcis

Prévoir 2 moitiés d'oeuf par personne.

Les oeufs farcis printanniers sont tout simplement une présentation d'oeufs farcis jaunes, roses et verts.

Oeufs farcis "jaunes"

4 oeufs durs, coupés en 2 à l'horizontale
1 queue d'échalote verte, finement émincée
2 c à soupe de mayonnaise à l'oeuf
OU 1 c à soupe de beurre et un peu de crème
Sel, poivre
1 filet d'anchois salé, si désiré

Sortir les oeufs directement du réfrigérateur, recouvrir d'eau froide et porter à ébullition. Couvrir immédiatement, retirer du feu et laisser reposer de 20 à 25 minutes. Passer sous l'eau froide et éplucher. Les oeufs cuits de cette façon seront tendres et très à point. Couper les oeufs en deux à l'horizontale. Retirer les jaunes. Mélanger les jaunes à la main ou avec le robot culinaire. Ajouter la queue d'échalote émincée, la mayonnaise, le beurre ou la crème. Saler et poivrer. Farcir les blancs d'oeufs avec cette préparation avec une petite cuillère ou en déposant la préparation dans un sac à pâtisserie muni d'une douille unie ou étoilée. Déposer dans un ravier sur un lit de petites laitues.

Oeufs farcis "roses"

Même procédé que pour les oeufs jaunes, toutefois ajouter une petite pointe de concentré de tomate et de quelques crevettes roses ou un peu de homard en conserve finement émincé. Farcir de la même façon.

Oeufs farcis "verts"

Même procédé que pour les oeufs farcis jaunes, toutefois ajouter quelques feuilles d'épinards blanchies et finement émincées. Farcir de la même façon indiquée que pour les oeufs farcis jaunes.

Présentation: Alterner des rangées d'oeufs farcis "jaunes", puis "roses" et "verts".

Le ravier de crudités

Ratisser à l'aide d'un éplucheur des branches de céleri.

Couper en 2 ou 3 sections et puis en minces bâtonnets. Déposer dans un plat d'eau froide et réfrigérer. Au moment de servir, bien éponger et saler légèrement.

Nettoyer des petits radis rouges ou roses, garder un petit bout de queues vertes, couper la pointe et pratiquer quelques incisions de haut en bas dans le radis. Déposer dans un bac d'eau froide et réfrigérer. Au moment de servir, bien éponger et saler.

Éplucher les petits oignons verts ou échalotes vertes, garder une partie de vert et pratiquer de longues incisions à partir de la naissance du vert de l'oignon. Rincer et saler. Réfrigérer.

Déposer dans différents raviers ou dans un grand ravier en alternant les couleurs. Des olives noires au naturel ajoutent à la présentation.

La salade de concombres "Miseria"

2 à 3 gros concombres, pelés et évidés
1 tasse d'eau bouillante
1 c à soupe de sucre
1 à 2 c à thé de sel
Poivre du moulin (au moins 12 tours)
2 c à soupe de vinaigre

Peler les concombres. Couper en deux à l'horizontale et évider avec une cuillère. Trancher très mince. Préparer la saumure en mélangeant 1 tasse d'eau bouillante, le sel, le sucre, le poivre et le vinaigre. Ajouter les concombres. Déposer dans un pot de verre et fermer. Réfrigérer au moins 12 heures. Au moment de servir, égoutter les concombres et servir sur une feuille de laitue.

Le jambon à la mode
du chef Marcel Kretz

M. Marcel Kretz est l'illustre chef exécutif des cuisines de l'hôtel La Sapinière à Val-David, dans les Laurentides, près de Montréal. M. Kretz préconise une cuisine saine et fraîche.

Faire tremper le jambon à l'eau froide, la veille. Le lendemain, faire pocher le jambon à raison de 15 à 20 minutes par livre, et sans autres assaisonnements. L'eau ne doit pas bouillir, mais simplement frémir.

Pour servir froid, il est préférable de laisser refroidir le jambon dans le liquide de cuisson.

Pour servir braisé: sortir le jambon 1 heure avant la fin de la cuisson prévue, le déposer dans une braisière de juste contenance, ajouter une demi-bouteille de madère, sherry ou porto. Fermer hermétiquement à l'aide d'un couvercle ou d'un papier aluminium. Achever la cuisson à feu doux. À la fin de la cuisson, ajouter le fond de braisage à une demi-glace ou sauce brune légère de commerce. Dégraisser et passer au chinois fin. Le jambon ainsi servi peut se garnir d'épinards, de laitue braisée, de chou, de petits pois frais ou haricots verts fins.

La tresse aux oeufs de Pâques
à la grecque

1 tasse d'eau chaude 110°F
2 sachets ou 2 c à soupe de levure sèche active
1 1/2 tasse de farine tout-usage
1 tasse de lait
3/4 tasse ou 6 onces de beurre doux ou de saindoux
3/4 tasse de sucre
1 c à soupe de sel
1/3 tasse de: raisins secs blonds, raisins de Corinthe, écorces confites
1/2 tasse de farine
4 gros oeufs battus
5 tasses de farine tout-usage

Dans un grand bol à mélanger, déposer l'eau chaude, la levure et 1 1/2 tasse de farine tout-usage. Brasser. Couvrir et laisser gonfler 30 minutes. Chauffer le lait, le sucre, le beurre ou le saindoux et le sel. Laisser tiédir à 110°F. Battre les oeufs et verser dans le grand bol du mélangeur électrique manuel ou du mixeur muni du crochet servant à faire la pâte à pain. Bien battre et ajouter les fruits secs et confits enfarinés. Continuer de battre. Verser le liquide tiédi et battre jusqu'à consistance homogène. Ajouter la farine par petites quantités à la fois (ne pas mettre plus de 5 tasses de farine). Renverser la pâte sur une surface de travail enfarinée et pétrir au moins de 8 à 10 minutes ou jusqu'à ce que la pâte ne colle plus. Déposer dans un grand bol graissé et la retourner à quelques reprises pour bien l'enduire de matière grasse. Couvrir et laisser gonfler au double du volume initial pendant au moins 1 heure et 15 minutes.

Abaisser la pâte avec le poing et couper en deux pâtons (chacun pèse 2 livres). Couper chaque morceau de pâte en 3. Rouler chaque morceau en formant un rouleau de 26 po. Tresser assez lâche. Pincer les extrémités et les rabattre sous chaque bout.

Le pain mesurera 16x6 ou 7 po. Insérer un d'oeuf cru ou mollet à la coque teint en rouge vif ou en couleur pastel dans les fentes du tressage (utiliser 3 ou 4 oeufs pour cette opération); on peut aussi utiliser des oeufs crus en coquille qui cuiront pendant la cuisson du pain. Couvrir et laisser gonfler au moins 45 minutes.

Recouvrir les pains de dorure composée de 1 oeuf battu et 2 cuillerées à soupe d'eau froide. Cuire au four à 375°F environ 40 minutes.

Laisser tiédir sur une grille à gâteau afin de chasser toute humidité.

La gelée au café

1 sachet (1 c à soupe) de gélatine granulée neutre
1/2 tasse d'eau froide
1 tasse de café bien fort et bouillant
1/3 tasse de sucre
Pincée de sel
12 pacanes hachées grossièrement
1 tasse de crème à fouetter
Au goût: crème fouettée pour la garniture

Saupoudrer la gélatine sur l'eau froide. Brasser et laisser gonfler. Verser la gélatine gonflée sur le café très bouillant.

Laisser dissoudre la gélatine. Laisser refroidir et laisser prendre à moitié (ou jusqu'à consistance d'un blanc d'oeuf). Fouetter la crème et incorporer à la préparation à base de gélatine au café. Verser dans des coupes ou des verres à vin ou, tout simplement, dans un plat de service.

Laisser au moins 6 heures au réfrigérateur. Servir avec des petites galettes aux graines de sésame ou des biscuits.

Les galettes dentelles
à la graine de sésame

1/2 tasse de beurre doux ou salé
3/4 tasse de cassonade ou sucre brun
1 oeuf
3/4 tasse de farine tout-usage
1/2 tasse de graines de sésame grillées ou rôties

Réduire le beurre et la cassonade en crème. Ajouter l'oeuf et bien battre. Incorporer la farine et les graines de sésame. Déposer la pâte sur une tôle à biscuits beurrée par demi-cuillerée à thé. Laisser 2 po entre les biscuits.

Cuire au four à 350°F pendant 8 minutes. Laisser refroidir 1 minute sur la plaque avant de décoller les biscuits avec une spatule ou une lame de couteau. Déposer sur une grille à gâteau. Les galettes durcissent en refroidissant.

Donne 48 galettes croquantes.

Pour faire griller les graines de sésame, les déposer dans un poêlon à recouvrement anti-adhésif ou en fonte. Griller sur feu moyen-élevé en brassant bien avec une cuillère de bois. On peut aussi les griller au four à 350°F. Il est important de bien surveiller les graines de sésame qui sont en train de griller car elles brûlent très facilement.

Bonne fête maman!

Bonjour maman!

Maman, merci pour être omniprésente quand les enfants sont malades, quand papa a besoin de ton support moral, quand tu reçois superbement tes invités. Quand tu as la rage au coeur, tu sublimes tout et nous souris. Maman, merci pour ton amour. Merci pour être toujours là.

Quoi de plus agréable que de prendre le petit déjeuner au lit. Et aujourd'hui, c'est papa et les enfants qui vont préparer... une surprise à maman. Même si elle simule de dormir, allez en douce chercher le plateau, une jolie fleur et faites lui écouter "sa" musique préférée.

Il va sans dire que pour le plateau au lit, il est toujours préférable de rédiger son petit menu et de faire la mise en place ou écrire tout ce qu'il faut pour la préparation du menu et aussi la présentation. En l'occurence: penser au cocotier ou porte-oeuf, les mouillettes d'asperges blanches en conserve ou, mieux encore, fraîches, et préalablement cuites à la vapeur la veille. Les petites marmelades ou gelées préférées de maman et prévoir des fruits frais ou un jus ainsi qu'une bonne infusion d'églantier. La couleur rose et le parfum délicat de ce thé est très approprié. Le surmonter d'un pétale de rose rose. (Même si, à la sauvette, vous lui offrirez son café habituel, car c'est son habitude préférée du matin.)

AU MENU

**La coupe d'abricots frais aux raisins noirs et verts
Le jus d'orange au champagne
L'oeuf à la coque mollet en cocotier
Les mouillettes d'asperges blanches
Les mouillettes grillées de pain français
Le croissant bien chaud
La confiture de cerises noires
Le thé ou infusion d'églantier à la rose**

La coupe d'abricots frais
aux raisins noirs et verts

Il est intéressant de planifier une palette de couleurs selon les menus à composer. Ici, pour une fête remplie de soleil du mois de mai, on y va du jaune pâle, blanc, orangé et noir. Le rose du thé rappelle la douceur de cette journée.

La veille, couper abricots frais, épépiner des raisins noirs et verts (les couper en deux du pédoncule à la tête et retirer les pépins). On peut ajouter une ou deux figues fraîches coupées en 4. Sucrer d'une cuillerée de miel. Réfrigérer.

Servir dans de belles coupes ou verres à pied en mousseline ou verres à vin très hauts. Garnir d'un petit bouquet de menthe fraîche et j'insiste sur les feuilles de géranium au citron ou à la rose (ce sont des géraniums très odorants et comestibles).

Le jus d'orange au champagne

Ce jus d'orange au champagne, c'est maman qui le boira mais il fera du bien à papa...tout comme le vin d'Arbois. Préparer le jus d'orange moitié jus et moitié champagne ou vin fou d'Arbois.

Surveiller la présentation et se prémunir de belles grandes flûtes à champagne ou des coupes étroites et longues.

L'oeuf à la coque mollet en cocotier

Sortir l'oeuf ou les oeufs du réfrigérateur, les déposer dans de l'eau froide pour couvrir (petite casserole).

Porter à ébullition et retirer IMMÉDIATEMENT de la source de chaleur et COUVRIR la casserole. Compter 5, 6 ou 7 minutes d'attente selon la grosseur et poids des oeufs. Cuire un oeuf extra afin de vérifier la cuisson après 4 ou 5 minutes.

On trempe de belles grosses asperges blanches en conserve OU fraîches au naturel dans l'oeuf en cocotier. Au préalable on aura "guillotiné" ou coupé la tête de l'oeuf cuit et déposé dans son cocotier.

On peut présenter les asperges blanches dans une assiette spéciale à asperges, mais à défaut, utiliser une assiette de taille moyenne, déposer un petit centre dentelle en papier, surmonter du cocotier et déposer à côté les asperges et un demi-citron habillé d'une enveloppe mousseline de commerce OU découper un carré de 6 de tulle blanc ou jaune, y placer le demi-citron face coupée sur le carré, joindre les 4 extrémités et fixer ou attacher avec un petit ruban de papier blanc.

Les mouillettes grillées de pain français

Couper des FICELLES de pain français en deux à l'horizontale et puis encore en deux à l'horizontale.

Tailler des tronçons de 6 x 3/4 po. Les griller au four sur une plaque ou papier aluminium. Elles seront dorées et bien sèches.

Beurrer en dégustant l'oeuf si désiré.

Le thé ou l'infusion d'églantier

Préparer une infusion à raison de 1 grosse cuillerée à thé de thé d'églantier en vrac OU 1 sachet d'églantier par tasse de 7 onces d'eau bouillante.

Infuser au moins 7 minutes. Verser dans une jolie tasse en porcelaine et surmonter d'un pétale de rose rose. Sucrer au miel si désiré.

Bonne fête des pères

Papa dors-tu?... Bonne fête papa!

Aujourd'hui, on t'apporte le petit déjeuner au lit, et aussi on a pensé à tes revues préférées et à ton journal du matin.

Papa, on t'aime tu sais.

AU MENU

Le quartier dè melon miel aux cerises à l'eau-de-vie
L'omelette soufflée aux fraises
Les petits pains aux amandes
La marmelade-maison aux papayes
Le café moka à la crème

Le quartier de melon miel aux cerises à l'eau-de-vie

Comment choisir un melon miel type honeydew:

Secouer le melon près de l'oreille; on entend le brassement des graines à l'intérieur. Le melon est alors à point. Se fier seulement à l'odorat est quelquefois trompeur.

Couper un beau melon miel en quatre. L'évider et le débarrasser de ses graines et fibres. (Réserver graines et fibres pour préparer une horchata ou eau de melon, voir menu VIVA MEXICO).

Passer la lame d'un couteau à lame droite entre l'écorce et la chair du fruit. Couper en deux la chair de melon (sur le sens de la longueur), puis détailler en bouchées en coupant à intervalle de 1 po sur la largeur. Laisser dans son écorce.

Garnir de cerises à l'eau-de-vie et de fleurs et feuilles de capucines.

Cerises à l'eau-de-vie recette maison

Au temps des cerises, choisir de belles grosses cerises. Les laver et éponger. Garder les queues. Les piquer avec une aiguille et déposer dans de gros pots à confitures ou à confitures de vieux garçons.

Égal poids de cerises, égal poids de sucre. Couvrir d'eau-de-vie blanche tel le kirsch OU tout simplement d'alcool titré à 90° ou de la vodka. Couvrir et laisser macérer au moins 3 mois.

Toutes ces préparations selon les denrées durant l'année, nous rendent de fiers services. Il s'agit tout simplement de planifier son temps, car à l'été et l'automne les denrées nous "poussent dans le dos" pour ainsi dire.

Les cerises à l'eau-de-vie sont délicieuses servies en coupes en guise de digestifs, nappées sur une glace à la vanille ou aux cerises noires, dans un thé bien bouillant ou en pousse-café.

L'omelette soufflée aux fraises

Battre 3 blancs d'oeufs avec une petite pincée de sel jusqu'à la formation de crêtes. Verser 3 jaunes d'oeufs et battre pour mélanger, sans plus. Chauffer un poêlon à revêtement anti-adhésif de 7 po et faire mousser 2 cuillerées à soupe de beurre (doux de préférence). Lorsque le beurre est bien chaud, verser la préparation à base d'oeufs dans le poêlon. Cuire pendant 1 minute. Retirer du feu et déposer dans un four préchauffé à 425°F de 5 à 8 minutes. L'omelette gonflera et fendra légèrement en surface tout en se détachant des parois du poêlon. Retirer immédiatement du four et glisser sur une assiette de service en pliant en deux. Farcir de fraises fraîches tranchées et sucrées au goût. On peut aussi servir cette omelette avec un coulis de fraises fraîches. Garnir d'une feuille de géranium au citron et de quelques fraises rouges entières et d'un petit bouquet de menthe fraîche.

Coulis de fraises fraîches

15 fraises coupées, 1/3 tasse d'eau et 2 cuillerées à soupe de sucre ou de miel. Passer au mélangeur électrique et réduire en purée contenant encore quelques morceaux de fraises. On peut verser une larme de Cointreau ou de toute autre liqueur à l'orange ou, si l'on préfère, une petite quantité d'eau-de-vie de poire ou de framboise.

Coulis de fraises cuites

Même recette et cuire quelques minutes à gros bouillons. Ajouter quelques fraises coupées ou écrasées à la fourchette (pour redonner la couleur). Parfumer à l'orange ou à l'eau-de-vie tel que mentionné pour le coulis de fraises fraîches.

Les petits pains soufflés aux amandes

Une recette très réussie et ultra-rapide de la compagnie Robin Hood.

2 c à thé de sucre
1/2 tasse d'eau chaude à 110°F
2 enveloppes de levure sèche active (2 c à soupe)
3/4 tasse de lait chaud, tiédi
1/4 tasse de sucre
1 c à thé de sel
1/2 tasse de graisse ou de shortening
2 oeufs
3 tasses de farine tout-usage plus 2 c à soupe

Garniture

1/2 tasse d'amandes effilées
1/2 tasse de sucre
1 c à thé de cannelle

Saupoudrer la levure sèche sur l'eau chaude additionnée de 1 cuillerée à thé de sucre. Laisser gonfler 10 minutes.

Mélanger le lait chaud, le sucre, le sel et la graisse molle.

Brasser. Ajouter les oeufs et battre vigoureusement. Verser la farine en brassant avec une cuillère de bois jusqu'à ce que la pâte soit homogène (environ 2 minutes). Verser 2 cuillerées à soupe de pâte dans des moules à muffins de 2 1/2 po bien graissés.

Saupoudrer chaque petit pain avec un mélange d'amandes effilées, de sucre et de cannelle. Couvrir d'un papier ciré beurré. Laisser lever ou gonfler au double du volume initial de 40 à 50 minutes.

Cuire au four à 375°F de 18 à 20 minutes. Servir chaud.

La marmelade maison aux papayes

La papaye est un fruit exotique qui nous vient du Brésil, du Mexique, d'Israël et d'autres pays à climat tropical. En Asie la papaye fait partie de presque tous les repas. Le pouvoir enzymatique de ce fruit le rend très populaire chez les personnes qui surveillent leur taille, leur digestion, leur circulation et les triglycérides dans leur sang. C'est un fruit miracle.

2 tasses de papayes coupées en dés
1 tasse de sucre
1/3 tasse d'eau
Jus de 1 citron OU de lime
Zeste de 1/2 citron ou d'une orange
Pincée de sel

Peler la papaye à l'aide d'un couteau éplucheur. Couper en 2 à l'horizontale et retirer les graines. Couper en dés, (les graines sont comestibles et peuvent être utilisées séchées et réduites en poudre comme attendrisseur de viandes. Les graines fraîches sont utilisées en salade ou dans des vinaigrettes).

Déposer dans une casserole moyenne à fond épais, les dés de papaye, le sucre, l'eau, le jus de citron ou de lime, le zeste et la pincée de sel. Porter à ébullition. Continuer de cuire à gros bouillons en brassant avec une cuillère de bois, environ 12 minutes ou jusqu'à changement de texture. On aperçoit le fond de la marmite en brassant à ce stade.

Empoter et laisser à l'air libre au moins une demi-journée avant de réfrigérer. Fermer hermétiquement et réfrigérer. Cette petite marmelade ultra-rapide demande d'être réfrigérée car elle n'est cuite que 12 minutes.

Les noces à la campagne

Le cachet des noces célébrées à la campagne revêt l'ambiance de beauté sereine qui se conjugue avec la nature et le paysage.

Les préparatifs seront simples mais de bon goût et truffés de petits détails permis par les lieux de cette fête. Il est recommandé de préparer avec les personnes concernées, une mise en place et le ton que l'on veut donner à la réception.

Le menu sera simple mais varié et complet, et de préférence étalé sur une table-buffet. On aura soin de penser à l'ordre des mets donnés:

Le punch au champagne et les jus de fruits.

La soupe froide aux fruits ou aux concombres saura remplacer la coupe de fruits traditionnelle.

Les mignardises ou petites bouchées salées telles sandwichs de fantaisie seront présentées en l'occurrence en petites corbeilles d'osier vaporisées à la peinture blanche non toxique. On peut surmonter l'anse d'une boucle de ruban blanc pour les sandwichs aux préparations à la viande, ruban jaune pour les préparations aux oeufs et un ruban rose très pâle pour les bouchées à base de poisson. Ainsi les personnes allergiques à l'une ou l'autre des préparations pourront facilement repérer les bouchées à déguster qui leur conviennent.

Parmi les bouchées salées, on compte des barquettes aux mousses de légumes, de pâté de foie au cognac ou au madère, des tartelettes miniatures à la mousse de fromage et gélatine au porto.

Le roulé à la japonaise apportera sa note d'exotisme et sa part de couleurs claires.

171

Le Koulibiac à la russe et la sauce verte aux oeufs de saumon se présentera en pièce de résistance, coupé en tranches et nappé de sauce.

La salade de pois mange-tout et fleurettes de chou-fleur apporte les textures et la fraîcheur des verdures.

Le fromage Brie "Jardinière" offre la possibilité du fromage moelleux et de la saveur des fruits surmontés.

Le sorbet au citron pourra être présenté après le service du fromage et avant les petits fours glacés et la dégustation du gâteau des mariés.

Un bol transparent peut contenir une salade rubanée de fruits frais pour le coup d'oeil et rafraîchir les palais.

Les dragées-souvenirs des mariés rappelleront aux invités le charme et la douceur de la journée passée avec eux.

Le café, le thé et les eaux minérales seront distribués à l'extrémité opposée au punch et à la soupe froide.

Sur un guéridon d'occasion ou une desserte, on prévoira des petits verres à digestifs et quelques digestifs maison ou de commerce.

AU MENU

Le punch au champagne et aux petits fruits
La couronne de glace et petits fruits
La soupe froide aux concombres et fenouil
La fontaine de crevettes géantes sur lit de cresson
La sauce tomatée fraîche au basilic
Les barquettes de mousse de foie gras au madère
Les tartelettes miniatures à la mousse de fromage
en gelée
Les roulés à la japonaise
Les corbeilles blanches aux petits sandwichs
de fantaisie
Le koulibiac à la russe — sauce verte à la russe
La salade de pois mange-tout
La sauce vinaigrette au xérès
Le fromage Brie "Jardinière" — Biscottes et
toasts melba
Le sorbet au citron
Les petits fours glacés
Le gâteau des mariés
Les dragées-souvenirs des mariés
Café — Thé — Eaux minérales
Les digestifs

Le punch au champagne et la couronne de glace aux petits fruits

La veille, macérer les fruits suivants:
1 petit ananas, détaillé en menus morceaux
15 raisins noirs, coupés en deux et épépinés
15 raisins verts sans pépins, entiers
15 fraises coupées en deux
15 framboises fraîches
2 tasses de brandy à l'abricot
2 tasses de Cointreau ou triple-sec
1 tasse de brandy ou Calvados

Macérer tous ces fruits toute la nuit dans le mélange d'alcools précité.

Retirer 1 bonne tasse du mélange fruits-alcools et déposer dans un moule couronne OU un moule rectangulaire et remplir de champagne ou de vin blanc très sec. CONGELER au moins 24 heures. Au moment de servir le punch, démouler la couronne ou le bloc de vin ou champagne gelé (cette façon empêche de diluer le punch par des glaçons à l'eau).

Punch: Dans un grand bol à punch, déposer la glace aux petits fruits, les fruits macérés et au moins 3 à 4 bouteilles de champagne bien sec. De préférence ne pas sucrer. Déposer quelques feuilles de géranium parfumées à la rose ou citronnées et un brin de menthe fraîche à chaque tasse mais ne pas l'ajouter dans le grand bol à punch car la menthe prête un goût poivré et son parfum masquerait la fraîcheur des fruits et du champagne.

N.B.: Cocktail au champagne:

Macérer les fruits tel qu'indiqué au tiers de la recette mentionnée.

Au moment de servir: Dans de très gros ballons à bourgogne, déposer quelques cuillerées de fruits et de jus de macération et remplir le verre de bon champagne très sec ou brut.

Soupe froide aux concombres
et au fenouil

4 c à soupe de beurre doux
1 c à soupe d'huile végétale
1 blanc de poireau, finement émincé
10 petits oignons verts émincés (blancs et verts)
1 oignon moyen émincé
3 pommes de terre, coupées en dés
4 longs concombres anglais
3 tasses de bouillon de poulet OU plus pour couvrir les légumes
6 tasses de babeurre
6 têtes de persil hachées finement
20 brins de ciboulette coupés finement
Feuillage et têtes d'un pied de fenouil frais
Pied de fenouil frais, coupé en minces bâtonnets

Dans une grande marmite, faire fondre le beurre et l'huile. Faire revenir le blanc de poireau émincé, les petits oignons verts, l'oignon et les pommes de terre coupées en dés. Peler 3 des concombres et garder la peau du quatrième. Couper en deux à l'horizontale, et trancher mince. Faire revenir les concombres avec les autres légumes. Couvrir et faire "suer" les légumes quelques minutes. Couvrir de bouillon de poulet, saler, poivrer. Cuire jusqu'à ce qu'ils soient tendres. Passer les légumes au blender ou au passe-purée. Puis passer la purée au chinois ou à la passoire étamine très fine. Bien presser la purée. Déposer la purée de concombre dans un grand bol et y ajouter au moins 6 tasses de babeurre (lait de beurre) OU 1 tasse de yogourt et 5 tasses de lait ou de crème légère. Vérifier l'assaisonnement: sel, poivre du moulin, pointe de muscade, 5 têtes de fenouil frais et les feuilles finement émincées, ciboulette et persil. Réfrigérer au moins 6 heures et de préférence préparer la soupe la veille de la fête. Servir en tasse avec un petit sandwich fantaisie ou une paille au fromage. Les bâtonnets de fenouil frais accompagnent bien la soupe.

Prévoir un petit bol contenant des feuilles et des têtes de fenouil frais.

Présentation: Servir la soupe froide dans un bol à punch ou dans une soupière en fine porcelaine, et les tasses assorties tout autour. Prévoir des petites serviettes de table tout près.

La fontaine de crevettes géantes sur lit de cresson

Prévoir 3 grosses crevettes par invité.

Les grosses crevettes font 12 pièces à la livre. On peut aussi servir des crevettes moyennes qui font 15-16 crevettes la livre.

Préparer une marmite contenant beaucoup d'eau, du sel de mer OU du sel et une bonne cuillerée de poudre de kelp ou d'algues marines en poudre, 4 tranches de citron, 15 grains de poivre entier, 1 feuille de laurier, 1 tasse de vin blanc sec ou de vermouth blanc sec. Porter à ébullition et laisser mijoter quelques minutes ou jusqu'à ce que le liquide de cuisson soit bien imprégné des parfums des aromates. Plonger les crevettes fraîches dans le liquide en ébullition.

Couvrir et retirer de la source de chaleur. Laisser en attente dans le liquide chaud jusqu'à ce que les crevettes tournent roses et soient cuites sans être durcies. Lorsqu'elles changent de couleur, attendre 1 minute et goûter à une crevette. Les plonger dans l'eau glacée afin d'arrêter toute cuisson. Éplucher et retirer la veine dorsale. Bien rafraîchir, couvertes d'une pellicule de plastique, afin de garder la fraîcheur et le goût.

Crevettes surgelées: NE PAS DÉGELER LES CREVETTES, les plonger en bloc de glace dans le liquide en ébullition. Le liquide de cuisson se refroidira immédiatement. Porter à nouveau à ébullition. Retirer du feu, couvrir et laisser en attente dans le jus de cuisson. Les crevettes cuiront par le fait de la vapeur et du liquide chaud. Faire le test et procéder comme pour les crevettes fraîches.

Prévoir un grand bol transparent, habiller le fond de cresson frais, déposer la sauce tomatée fraîche au basilic dans un autre bol et le déposer au centre du bol sur le lit de cresson. Tout autour du grand bol de présentation, accrocher des crevettes et déposer le restant sur le lit de cresson autour du bol de sauce.

La sauce tomatée fraîche au basilic

Blanchir ou plonger de grosses tomates fraîches dans de l'eau bouillante 1 minute et peler les tomates. Retirer le pédoncule, couper en deux et épépiner. Détailler les tomates en menus dés, de l'oignon vert en menus morceaux, une pincée de sucre, sel, poivre et basilic frais haché finement.

L'essentiel de cette sauce est la fraîcheur et la texture des éléments. On pourrait ajouter une "larme" très infime de Pernod et un filet de jus de citron.

Préparer la sauce au moins 6 heures d'avance, car elle doit être servie très fraîche et bien imprégnée de tous les parfums. (À noter que pour un mariage il est préférable d'omettre les saveurs fortes et prononcées; l'ail serait à la discrétion du palais et du raffinement de l'hôtesse.)

La gelée au madère ou au porto
pour glacer des canapés

Cette recette peut être préparée avec du consommé de boeuf, du madère ou du porto pour glacer ou napper des canapés à teintes et apprêts foncés.

Les canapés ou bouchées à préparations au poulet et aux crevettes roses et claires s'accommoderont mieux d'une gelée à base de bouillon de poulet clarifié et parfumé au sherry.

1 tasse de consommé de boeuf clarifié de commerce
1 tasse d'eau
1/2 tasse de porto ou de madère
3 enveloppes de gélatine neutre (3 c à soupe)
1 tasse d'eau froide

Saupoudrer la gélatine granulée sur la tasse d'eau froide.

Laisser gonfler quelques minutes. Dans une petite casserole à fond épais, porter à ébullition le consommé de boeuf, l'eau, le porto ou le vin de madère. Ajouter la gélatine gonflée et cuire à gros bouillons pendant 15 minutes en brassant et en râclant le fond de la casserole à quelques reprises. Quand la préparation a atteint son point d'ébullition, compter 15 minutes de cuisson.

Retirer du feu et laisser refroidir à moitié.

N.B.: Très utile pour glacer les pièces montées.

Les barquettes à la mousse
de foie gras au madère

Pour les barquettes et les bases de tartelettes miniatures, utiliser une recette de pâte brisée ou feuilletage de commerce.

Habiller les petits moules et les piquer à la fourchette. Les déposer sur une plaque à pâtisserie et cuire au four à 400°F environ 12 à 15 minutes ou jusqu'à ce qu'elles soient bien dorées et cuites. Ces bases à canapés ou bouchées se préparent une semaine d'avance et se gardent dans des boîtes de métal.

On peut aussi commander des barquettes et des fonds de tartelettes chez tous les bons pâtissiers. Ici, je veux rendre hommage au maître-pâtissier Pablo Martinez de Montréal qui m'a si bien enseigné.

La mousse de foie gras
à la gelée de madère

Avec le robot culinaire, réduire en crème légère 1 livre de foie gras, 2 cuillerées à soupe de beurre, 1/2 tasse de gelée au porto, au madère ou au sherry prise à moitié. Déposer dans un sac à pâtisserie muni d'une douille étoilée ou cannelée de grosseur moyenne. Garnir des fonds de barquettes déjà cuites avec cette préparation.

Glaçage

Préparer la gelée au porto, au madère ou au sherry, laisser refroidir à moitié et déposer dans une bouteille munie d'un vaporisateur. Vaporiser les canapés alignés sur des tôles à biscuits. Travailler très rapidement car la gelée aura tendance à bloquer le tube du vaporisateur (une bouteille de nettoyeur à vitre bien propre et rincée au vinaigre donne un bon rendement). On peut aussi napper les canapés avec une petite cuillère en utilisant une très petite quantité de glaçage.

La mousse de fromage en gelée

Avec le robot culinaire, réduire en purée onctueuse 8 onces de fromage crémeux Saint-André ou de fromage blanc, 3 onces de roquefort ou de bleu danois, 1/3 à 1/2 tasse de gelée au porto, au madère ou au sherry. Déposer dans un sac à pâtisserie muni d'une douille étoilée ou cannelée de grosseur moyenne et garnir les tartelettes miniatures précuites. Vaporiser avec la gelée parfumée si désiré.

Les corbeilles blanches
de petits sandwichs de fantaisie

Pour réussir les sandwichs roulés:

Utiliser du pain de mie tranché à l'horizontale (les boulangers tranchent le pain ainsi, sur commande). Retirer ou couper les croûtes.

Travailler le pain à sandwich sur une surface de travail couverte d'un linge humide. Écraser ou amincir les tranches de pain avec le rouleau à pâtisserie (cette opération rend le sandwich plus compact et plus fin).

Tartiner les longues tranches de pain au beurre fouetté (le beurre protège le pain de s'imbiber des liquides de préparation).

Couvrir la tranche de pain beurrée de la garniture de votre choix. Déposer une rangée d'olives farcies, un bâtonnet de cornichon à l'aneth ou cornichon doux sur la partie étroite du pain.

Rouler la tranche de pain, en partant de l'extrémité étroite sur toute la longueur et jusqu'à l'autre extrémité. Envelopper très serré dans un papier ciré ou pellicule plastique (type saran). RÉFRIGÉRER IMMÉDIATEMENT afin d'empêcher toute fermentation.

On peut, si désiré, badigeonner de beurre les rouleaux de sandwichs à l'extérieur et les passer dans du persil haché ou des noix hachées et paprika.

Réfrigérer les sandwichs roulés au moins 6 heures. Au moment de servir en corbeilles, les trancher minces. (Les tranches présenteront une apparence spiralée.) Déposer dans des corbeilles blanches habillées de centres de papier-dentelle.

Les bâtonnets de sandwichs au fromage

Tartiner des tranches de pain de mie blanc, couvrir de tranches de fromage de commerce et surmonter d'autant de tranches de pain de blé entier beurré. Réfrigérer. Retirer les croûtes et couper en bâtonnets. Alterner les couleurs de pain blanc et brun dans la corbeille. Si désiré, poivrer le fromage à la mode allemande.

Garnir chaque corbeille de sandwichs de fantaisie d'un bouquet de cresson, de persil ou de menthe fraîche.

Les corbeilles blanches
aux petits sandwichs de fantaisie

Les sandwichs roulés ou coupés en bâtonnets seront tartinés avec du beurre demi-sel ou doux fouetté et sans autre ajout.

Les préparations ou garnitures seront à:
la salade d'oeufs durs
la purée de jambon
la salade de poulet et de céleri
au fromage à tartiner
au thon et aux fines herbes
la pâte d'anchois

Garniture à la salade d'oeufs durs

Écraser à la fourchette ou au robot culinaire (NE PAS TROP RÉDUIRE EN PURÉE CLAIRE), mouiller avec de la mayonnaise, une pointe de moutarde de Dijon, 1 oignon finement émincé, de la ciboulette ciselée finement, sel, poivre.

La garniture doit bien s'étaler sur le pain.

Garniture au jambon

Hacher du jambon, y ajouter quelques cuillerées à soupe de beurre demi-sel, quelques cuillerées de moutarde de Dijon et de moutarde canadienne préparée. La garniture doit être très simple d'apprêt. Goûter le jambon.

La purée doit bien s'étaler sur le pain de mie.

Garniture à la salade de poulet

Hacher du poulet poché, ajouter de la mayonnaise pour humecter la préparation, des petits oignons verts finement émincés, du céleri en branches finement coupé en menus dés, du sel, du poivre et une pointe de muscade.

Garniture au thon et
aux fines herbes

À du thon naturel en conserve, ajouter du céleri finement haché, des petits oignons verts, de la ciboulette et du persil hachés finement.

Mouiller à la mayonnaise ou avec un peu de sauce verte à la russe.

Le mélange doit être léger et facile à étendre sur le pain sans toutefois être trop humide.

Les roulés à la japonaise

Pour chaque roulé:
1 grande omelette très mince de 10 po
Feuilles d'épinards frais, blanchies
Riz cuit (vapeur ou à la créole)
Chair de crabe surgelée et émiettée

Préparation de l'omelette mince

Battre 1 oeuf, 1 c à soupe d'eau, 1 pincée de sucre et 1/2 c à thé de sauce soya tamari.

Chauffer une grande poêle de 10 po à recouvrement anti-adhésif et 2 c à thé d'huile végétale. Verser l'oeuf battu et bien couvrir la grande surface du poêlon. Cuire 40 à 50 secondes.

Renverser l'omelette sur une pellicule de plastique (type saran). Déposer sur toute la surface de l'omelette, des feuilles d'épinards frais nettoyées et blanchies (blanchies: cuites à la vapeur environ 1 minute). Puis couvrir d'une couche mince de riz cuit. Terminer en superposant une rangée de chair de crabe défaite à la fourchette. Rouler l'omelette minutieusement à l'aide de la pellicule de plastique. Rouler bien serré et fermer hermétiquement. Réfrigérer au moins 12 heures. Au moment de servir, développer les roulés et les couper en morceaux de 1 1/2 po. Les déposer debout en annonçant les spirales de couleurs. Toujours prévoir des centres de papier-dentelle pour chaque assiette de présentation.

Le koulibiac à la russe

2 recettes de pâte brisée à l'oeuf
Riz pilaf au serpolet de Russie
4 gros oeufs durs, coupés en 4
Champignons sautés au beurre et persil
1 livre de filet de saumon rouge frais OU de darnes
Dorure: 1 oeuf entier
2 c à soupe d'eau

Préparation du riz pilaf

2 c à soupe de beurre
1 c à soupe d'huile végétale
1 oignon moyen, finement émincé
1 tasse de riz à longs grains
2 tasses d'eau OU moitié eau et moitié bouillon de poulet
1/2 c à thé de sel — poivre du moulin
1 c à thé de serpolet séché (type Rodel)
1/2 c à thé de cerfeuil séché (type Rodel)
1 feuille de laurier
1 clou de girofle (sans la tête ou caboche)

Dans une casserole moyenne à fond épais ou en fonte émaillée, faire fondre le beurre et l'huile végétale et lorsqu'ils sont chauds, faire revenir l'oignon émincé sans faire prendre couleur. Puis ajouter le riz cru à longs grains et bien l'enrober de gras. Faire revenir le riz au beurre quelques minutes. Verser d'un trait le liquide (eau ou moitié eau et moitié bouillon de poulet). Assaisonner. Porter à ébullition, couvrir et baisser la chaleur au minimum. Cuire ainsi 25 minutes ou jusqu'à ce que le liquide soit évaporé et que les grains de riz soient cuits et détachés. Laisser reposer pour tiédir.

Préparation des champignons sautés au persil

Trancher 15 champignons en lamelles à la verticale.

Chauffer une sauteuse ou une grande poêle et faire fondre 2 c à soupe de beurre et 1 c à soupe d'huile végétale. Lorsqu'ils sont chauds, ajouter les champignons en lamelles. Secouer et brasser afin de les cuire entièrement. Arroser du jus d'un demi-citron, ajouter du sel, du poivre du moulin et une bonne poignée de persil finement haché. Laisser en attente pour le montage du koulibiac.

Préparation du filet de saumon poché

Dans un plat en fonte émaillée ou un poêlon non profond, porter à ébullition 2 tasses d'eau, 1 petit verre de vermouth blanc sec, 1 tranche de citron et 1 feuille de laurier. Poivrer. Laisser mijoter 5 minutes. Lorsque le bouillon de pochage est bien parfumé, y déposer le filet ou les darnes de saumon frais. Couvrir d'un papier brun, ciré ou papier parchemin beurré. "Frémir" le filet sur feu très doux entre 8 à 12 minutes (le poisson doit changer de couleur et devenir d'un rose très pâle et à texture assez ferme sous la pression du doigt). Ne pas trop cuire. Sortir du liquide de pochage et l'égoutter sur un papier ou une serviette. Laisser reposer.

Pâte brisée à l'oeuf,
au robot culinaire

2 tasses de farine tout-usage
1 c à thé de poudre à lever
1 c à thé de sel
3/4 tasse de beurre doux (6 onces)
1 oeuf entier battu
1 c à soupe de vinaigre blanc ou de cidre
3 à 4 c à soupe d'eau froide

Dans le bac du robot culinaire, déposer la farine, le sel et la poudre à lever. Mettre le robot en MARCHE/ARRÊT 3 fois. Ajouter le beurre doux en dés. Mettre en MARCHE/ARRÊT 4 fois. Toujours en MARCHE verser dans l'ouverture du bac du robot l'oeuf battu et l'eau froide. Continuer la marche du robot jusqu'à ce qu'une boule de pâte se forme et s'attache au poteau central du robot. Arrêter et retirer la pâte. Fraiser la pâte, c'est-à-dire passer la pâte dans un peu de farine sur une surface de travail enfarinée afin de bien distribuer les in-grédients de la pâte et l'empêcher de coller. Préparer 2 re-cettes de pâte au robot culinaire.

Assemblage et montage du koulibiac

Étendre une recette de pâte brisée en un grand rectangle de 16 x 10 po sur une plaque à gâteau roulé. Renverser la plaque et monter le koulibiac.

Déposer au centre de la pâte tout le riz pilaf au serpolet. Puis surmonter le riz du mélange de champignons sautés au beurre et au persil.

3ème rangée: les oeufs durs coupés en 4.

4ème rangée: le saumon poché et défait en grossiers morceaux. Ramener l'excédent de pâte sur les 4 côtés du rectangles OU sur les riz-champignons-oeufs-saumon. Former un beau rectangle.

Passer toute la pâte à la dorure au pinceau à pâtisserie. Couper 2/3 de la pâte brisée et l'étendre en un rectangle de 16 x 10 po.

Couvrir le pain au saumon et bien envelopper en passant la pâte jusqu'en dessous du koulibiac. Bien former le rectangle. Pratiquer une ouverture au centre et y déposer un cornet de papier aluminium ou papier ciré fort.

Avec le tiers de la pâte brisée, l'abaisser assez épaisse et découper des lanières et décorer en croisillons sur le koulibiac ou décorer de motifs coupés à l'emporte-pièce de votre choix.

Passer le koulibiac à la dorure et porter au four à 375°F, environ 40 à 50 minutes. Ne pas trop cuire car le saumon perdrait de son moelleux.

Accompagner d'une sauce verte à la russe.

Présentation du koulibiac: Habiller une longue planche à pain de centres de papier-dentelle, déposer le koulibiac. Garnir de cresson ou de persil.

Se munir d'un couteau à lame mince très tranchante, de préférence à scies.

Trancher en tranches de 3/4 à 1 po d'épaisseur. Le koulibiac se sert chaud, tiède et même froid.

Kouliblac version rapide et économique:

Remplacer le saumon frais par 1 boîte de saumon et une boîte de thon au naturel en gros morceaux.

La sauce verte à la russe

2 oeufs entiers
1/4 tasse de vinaigre de vin blanc à l'estragon
1/2 c à thé de sucre
1 c à thé de moutarde forte de Dijon
12 queues vertes d'oignons verts
1 1/2 à 1 3/4 tasse d'huile végétale légère
2 onces d'oeufs de saumon ou de caviar rouge

Dans le contenant du mélangeur électrique, déposer 2 oeufs et 1 pincée de sucre, la moutarde, le vinaigre de vin blanc à l'estragon, le poivre du moulin et les queues d'oignons verts coupées en morceaux. Activer le moteur et bien broyer.

Laisser en marche. Verser l'huile en petit filet par l'ouverture du couvercle; continuer de verser l'huile jusqu'à l'obtention d'une sauce émulsionnée semblable à une mayonnaise de consistance moyenne. Ajouter 2 c à soupe d'eau bouillante afin de stabiliser la sauce. Saler.

Verser dans une saucière et ajouter en "pliant" les oeufs de saumon ou de caviar rouge.

Servir à part un bol de smitane ou de crème sure commerciale additionnée de persil, de queues d'oignons verts hachées finement et d'un filet de jus de citron.

La salade de pois mange-tout et fleurettes de chou-fleur

Habiller un saladier, de préférence transparent, de petites feuilles de laitues variées et très tendres.

Blanchir ou ébouillanter 5 minutes des pois mange-tout ou pois chinois.

NE PAS CUIRE, simplement tremper dans l'eau bouillante. Égoutter. Disposer en cercle dans le saladier sur les laitues.

Trancher en minces lamelles des têtes de chou-fleur et disposer au centre du saladier.

Arroser de la vinaigrette au xérès ou au sherry.

Prévoir un bol de sel et une petite cuillère, un moulin à poivre et, près du saladier, la vinaigrette au xérès.

1/3 tasse de xérès OU sherry sec
1 c à thé de moutarde de Dijon aux herbes de Provence
Pincée de sucre (1/2 c à thé)
1/2 c à thé de sel
Poivre du moulin
1 très petit oignon finement émincé
Quelques branches de cresson et persil hachés
1/2 à 2/3 tasse d'huile végétale ou moitié végétale et moitié huile d'olive

Bien brasser le tout au petit fouet à vinaigrette. Verser sur la salade, sans toutefois mêler les ingrédients. Au moment du service devant les invités, mélanger ou brasser la salade à l'aide de la cuillère et de la fourchette à salade.

Le fromage brie "jardinière"

Gelée au porto ou au sherry
Fromage brie en meule de 8 ou 14 po
Fruits pour la jardinière:
raisins noirs, épépinés
raisins verts coupés en deux
raisins rouges, coupés en deux et épépinés
cerises fraîches dénoyautées
quartiers de pommes minces, passés au jus de citron
petites prunes mirabelles, coupées en deux et dénoyautées

Retirer la croûte d'une face du fromage Brie.

Disposer des raisins noirs coupés en deux et épépinés tout autour du fromage sur la partie où la croûte a été prélevée, puis continuer une rangée de raisins verts, des cerises dénoyautées (avec un petit dénoyauteur spécial) et alterner les couleurs et les textures de fruits frais jusqu'à couvrir le centre du fromage par seulement 1 fruit.

Glacer les fruits avec de la gelée de Porto, du consommé, de l'abricotage ou de la gelée d'abricots fondue.

Disposer tout autour des biscottes sèches et des melbas. Des craquelins à l'eau Carr's se marient bien avec la finesse du fromage et de la présentation. Servir en fines pointes.

Le sorbet au citron

Sorbet servi en coupes et garni d'une feuille de géranium citronnée ou de fleurs et de feuilles de capucines.

1/2 tasse de jus de citron
1/3 tasse de miel liquide
4 à 5 tasses de lait de beurre ou babeurre
Pincée de sel

Mélanger le tout au robot culinaire ou au blender.

Verser dans un plat en pyrex et porter au congélateur.

Brasser à la cuiller les cristaux qui se forment autour du moule, à toutes les heures durant 4 heures. Ou tout simplement congeler, couper en carrés et passer au robot culinaire. La mousse ou sorbet sera d'une légèreté exquise. Replacer au congélateur. Servir très froid.

Les dragées-souvenirs des mariés

Prévoir 10 dragées par invité (blanches, jaunes et rose pâle).

Carrés de tulle blanc de 10 po
Ruban blanc de papier

Superposer inégalement deux carrés de tulle blanche. Déposer au centre les dragées.

Retenir les 4 coins du tulle et fixer le petit "baluchon" avec un ruban de papier blanc. Former de belles boucles généreuses.

Déposer les dragées-souvenirs ensemble sur un plateau d'argent ou à la place de chaque invité.

Le gâteau des mariés

Selon la tradition Victorienne, le gâteau des mariés doit être surmonté d'au moins trois étages de cake aux fruits. On coupe le pourtour de l'étage de base pour les invités présents. L'étage central pour les invités absents et le sommet du cake pour célébrer le premier anniversaire de mariage des époux.

Il est entendu que les maîtres-pâtissiers sont très indiqués pour vous préparer un gâteau de noces d'envergure et très bien monté dans la tradition classique. Toutefois le prix est assez élevé. Il faut comparer et décider si on opte pour une fête champêtre simple ou le grand buffet à grands effets.

Le gâteau maison blanc aux fruits n'est pas si économique, mais il vous procurera le bonheur d'avoir relevé un défi en le faisant vous-même. La glace sera simple au beurre ou fondante. On garnit les étages du gâteau tout simplement avec des fleurs soupirs de bébé, des petites cascades de roses miniatures ou de marguerites des champs. C'est un gâteau qui peut servir à maintes occasions, tout en changeant la ou les formes de moules.

Pour préparer un petit gâteau étagé de 9 x 6x 3 po, vous ferez 3 recettes de base du gâteau à l'écossaise. Pour des moules plus grands et plus apparents, il faudra au moins 6 recettes de base ou 3 recettes doublées.

On peut aussi réaliser le gâteau étagé des mariés en préparant des recettes de gâteau à la livre (pound cake), les couper à l'horizontale et les imbiber de liqueur d'orange ou de kirsch ou de marasquin et abricoter entre chaque moitié de gâteau. On pourrait même utiliser des mélanges en sachets déjà préparés.

La glace fondante à la pâte d'amande

Ce n'est pas une glace cuite. Il faut donc garder le gâteau au frais jusqu'au moment de servir. On pourrait aussi utiliser du fondant de commerce.

Dans le bac du robot culinaire OU du mélangeur électrique, déposer 5 c à soupe de pâte d'amande, 1 tasse de beurre mou, le blanc d'un gros oeuf, 1 c à soupe de sirop de maïs ou de glucose et 1/4 c à thé de crème de tartre en poudre. Bien battre puis ajouter au moins 4 tasses et plus de sucre à glacer. Battre constamment au robot ou au malaxeur jusqu'à consistance crémeuse et coulante. Cette glace doit s'étaler facilement et "coller" au gâteau qui de préférence sera habillé d'une couche mince de pâte d'amande travaillée au sucre glace et étendue au rouleau à pâtisserie. Abricoter le tour du gâteau et apposer une bande de pâte d'amande des longueur et hauteur nécessaires. Couvrir le dessus du gâteau d'abricotage et déposer la pâte d'amande. Il est recommandé de laisser sécher l'abricotage avant de couvrir de pâte d'amande.

Verser la glace sur les gâteaux préparés. Garnir les imperfections de feuilles de géranium à la rose, de feuilles de menthe, de soupirs de bébé et d'une cascade de petites roses ou des fleurs qui rappelleront le bouquet de la mariée.

Le gâteau blanc aux fruits à l'écossaise

Recette simple. Il est préférable de doubler la recette et de préparer, s'il y a lieu, 2 recettes doubles OU 1 recette double et une simple tel que mentionné plus bas.

1 livre (2 tasses) de cerises confites
4 onces ou 1 tasse de raisins de Corinthe
4 onces (1/2 tasse) d'écorces de fruits confites, en morceaux
2 tranches d'ananas confites et coupées en menus morceaux
20 amandes blanchies et coupées en deux
1/2 tasse de farine tout-usage
3 tasses de farine tout-usage
1 tasse (1/2 livre) de beurre doux
1 tasse de sucre
6 gros oeufs
Zeste: 1 grosse orange et un gros citron
Jus de 1 gros citron
2 onces de brandy ou de rhum ambré ou blanc

Dans un grand bol à mélanger, déposer les fruits confits et les amandes. Verser les 3 1/2 tasses de farine. Bien enrober les fruits et amandes.

Battre au malaxeur ou robot culinaire le beurre et le sucre. Bien battre jusqu'à la disparition des grains du sucre. Ajouter les oeufs, un à un, en battant bien entre chaque addition. Aromatiser avec les zestes d'orange et de citron, le jus de citron passé et du brandy ou rhum.

Verser la préparation liquide sur les fruits et farine. Bien mélanger avec les mains afin d'enlever toute trace de farine.

N'habiller de papier beurré que le fond des moules. Déposer le mélange à gâteau à au moins 2 1/2 à 3 po d'épaisseur dans N'habiller de papier beurre que le fond des moules. Déposer le mélange à gâteau au moins 2 1/2 à 3 po d'épaisseur dans chaque moule. Bien tasser et lisser la pâte en surface à l'aide du dos d'une cuiller de bois.

Prévoir une lèchefrite contenant 1 po d'eau chaude sur la grille du bas de votre four. Déposer les gâteaux sur la grille centrale. Cuire au four 300°F environ 70 minutes et plus selon l'épaisseur de la pâte. Ce gâteau ne lève pas à la cuisson. Piquer le cake avec une broche en plein centre; si la pâte attache, le gâteau n'est pas encore cuit. La senteur du gâteau cuit vous guide aussi. Le gâteau est bien cuit quand la couche de beurre se résorbe en surface.

Sortir du four et déposer les gâteaux à l'envers sur une grilie à pâtisserie. (Ce sont des moules à fonds amovibles.) Retirer le cercle du moule et le fond. Refroidir complètement avant d'enlever le papier graissé ou de protection.

Petit brunch de Noël
ou de la Saint-Sylvestre

C'est à Noël que tous les hommes de la terre retrouvent leur coeur d'enfant. C'est la fête du pardon, de la générosité, de l'opulence sur les tables bien garnies de denrées que l'on retrouve seulement en ce temps de traditions.

Recevoir pour le brunch de Noël est très avantageux pour les personnes qui travaillent et qui ne peuvent se permettre de préparer toute la longue liste de mets traditionnels. Ainsi, peut-on présenter des oeufs, jambon, saucisses et boudins de toutes sortes, des pains variés, peut-être même un pain aux fruits traditionnel à la levure et quelques friandises du temps des fêtes.

On peut très bien préparer le gâteau aux fruits, deux ou trois mois d'avance. L'envelopper d'une mousseline imbibée de brandy et le "vieillir" dans une boîte métallique bien hermétique et le garder au frais. Certaines charcuteries se congèlent et quelques petites bouchées sucrées peuvent se préparer au moins une quinzaine de jours avant le brunch. Ainsi votre travail se trouve allégé par ces préparatifs qui ne demandent pas tout votre temps à la dernière minute.

AU MENU

Le punch chaud aux oeufs et au cognac
Le pichet de jus d'orange et de jus de pamplemousse
Le pichet de jus de tomate
Les raviers de crudités et d'olives variées
La pipérade basquaise
Les pointes de pain, grillées et persillées
Le pain "Stollen" allemand, aux fruits et à la levure
Le pain aux dattes et aux noix
Le gâteau aux fruits et aux pacanes de la Georgie
Les bouchées au chocolat et au beurre d'arachides
Les beignes à l'ancienne
Les biscuits croquants au gingembre de Kris Kringle
Le café à la cardamome
Le thé à la Russe
La chocolatière de chocolat au lait

Le punch chaud aux oeufs et au cognac

Battre 6 jaunes d'oeufs et 1 1/4 tasse de sucre fin. Battre jusqu'à la formation du ruban ou d'une belle masse jaune pâle et très épaisse.

Battre 6 blancs d'oeufs, 1 pincée de sel et 1/4 c à thé de crème de tartre. Battre les blancs en neige ferme.

Incorporer les jaunes au blancs en "pliant". Déposer dans un beau bol à punch en argent ou dans un bol en cristal de présentation.

Comment servir le punch chaud:

Dans de grandes tasses, déposer 1 à 2 c à soupe du mélange d'oeufs battus, une bonne rasade de cognac ou de rhum et remplir la tasse d'eau bouillante.

Le pichet de jus d'orange
et de jus de pamplemousse

Tout simplement mélanger moitié jus d'orange et moitié jus de pamplemousse, quelques gouttes de sirop de grenadine et beaucoup de glaçons.

Le pichet de jus de tomate

Le jus de tomate peut être additionné de jus de palourdes en bouteille ou de consommé de boeuf en conserve. Ajouter du sel de céleri, de la sauce anglaise et de la sauce Tabasco si désiré. Beaucoup de glaçons et une larme d'alcool blanc dans chaque verre. Garnir de tranches de citron.

La pipérade basquaise

La préparation aux légumes:

2 oignons espagnols coupés en gros dés
1 gros poivron rouge, épépiné et coupé en lamelles
1 gros poivron vert, épépiné et coupé en lamelles
1 ou 2 grosses pointes d'ail, finement émincées
4 grosses tomates blanchies, coupées en petits quartiers
Pincée d'origan ou de basilic

Dans un grand poêlon à fond épais, chauffer 2 à 3 c à soupe d'huile d'olive et 1 c à soupe de beurre jusqu'à ce qu'ils soient bouillants.

Ajouter les oignons en dés, cuire sans toutefois faire prendre couleur.

Puis ajouter les tomates et les poivrons, l'ail émincé, le sel, le poivre et l'origan ou le basilic. Couvrir afin de cuire ou "suer" les légumes (5 minutes).

Retirer le couvercle et continuer de cuire jusqu'à absorbtion des liquides de cuisson. Laisser en attente.

D'autre part faire revenir au beurre bien chaud, 6 ou 8 tranches de jambon de Bayonne ou jambon cuit. Laisser en attente.

Préparation de l'omelette ou des oeufs brouillés au choix:

Battre 8 oeufs, 2 à 3 c à soupe de persil haché et 1 noix de beurre.

Chauffer un grand poêlon et y fondre 2 c à soupe de beurre et 2 c à soupe d'huile d'olive ou végétale. Verser la préparation d'oeufs battus. Cuire en omelette en "feuilletant" à la fourchette ou en secouant le poêlon en mouvements de cercles OU brouiller les oeufs à la cuiller de bois.

Y verser la préparation de légumes et brouiller légèrement ou les incorporer délicatement aux oeufs. Garnir de tranches de jambon.

Déposer dans un plat de présentation ovale ou rond et garnir autour de pointes ou triangles de pain grillé au four. Beurrer le tour des pointes de pain grillé et passer dans le persil finement haché.

N.B.: Servir à chaque convive une portion d'oeufs de légumes et de jambon, sans oublier la petite pointe de pain grillé persillé.

Le pain "Stollen" allemand aux fruits

Préparation du levain rapide ou l'éponge:

1 tasse d'eau chaude à 110°F
2 c à soupe ou 2 sachets de levure sèche
1 1/2 tasse de farine
1 c à thé de sucre

Mélanger les ingrédients et bien brasser. Couvrir le bol et gonfler l'éponge au moins 30 minutes. Dans une petite casserole chauffer 1 tasse de lait, 1/2 tasse de sucre, 2 c à thé de sel et 1/2 tasse de beurre demi-sel ou doux. Tiédir à 110°F. Battre 3 oeufs et verser les oeufs battus dans "l'éponge gonflée" et 2 tasses de farine. Brasser. Ajouter le liquide tiède. Brasser et incorporer 1 à 2 tasses de farine. Pétrir jusqu'à ce que la pâte se tienne bien et ne colle plus sous la paume de la main (environ 4 à 5 tasses de farine en tout).

Déposer la pâte dans un grand bol graissé et retourner la pâte sur les parois du bol graissé afin de bien enduire la pâte de gras. Couvrir d'une pellicule plastique (type saran) et d'un linge. Gonfler au double du volume.

Abaisser la pâte avec le poing. Déposer la pâte sur une surface enfarinée et PÉTRIR en incorporant à la pâte 1/3 tasse de raisins de Corinthe, 1/2 tasse de fruits confits mélangés, coupés en dés, 1/2 tasse de cerises rouges et vertes confites, coupées en deux, 1/3 tasse de raisins secs Sultanas et 1/3 tasse d'amandes blanches effilées ou en copeaux.

Lorsque les fruits et amandes sont bien incorporés à la pâte, couper la pâte en deux portions. Rouler en un rectangle à extrémités arrondies OU en un étroit ovale d'environ 12 po. Badigeonner au pinceau à pâtisserie de beurre fondu et saupoudrer de 2 c à thé de sucre et une pointe de cannelle. fermer en deux presque à la bordure, c'est-à-dire en laissant un espace de 1 po. Bien appuyer sur la pâte. Déposer sur une plaque très légèrement beurrée et enfarinée. Couvrir et gonfler au double du volume. Passer à la dorure: 1

oeuf ou jaune d'oeuf, 2 c à soupe d'eau. Porter au four 375°F, 40 minutes. Donne deux pains de Noël. Refroidir le pain cuit sur un grillage à pâtisserie. Napper inégalement d'une glace assez fluide: 1 tasse de sucre à glacer et 1 c à table de beurre avec du jus de citron et 1 c à soupe d'eau bouillante.

Servir en tranches accompagné de beurre fouetté nature ou additionné de miel et une pincée de cannelle.

N.B.: On peut cuire un pain Stollen et cuire l'autre moitié en moule qui vous donnera un pain aux fruits moulé ou façonner en couronne. Glacer avec la même glace.

Le pain aux dattes et aux noix

1 tasse d'eau bouillante
1 tasse de dattes, dénoyautées et coupées
1 c à thé de bicarbonate de soude (soda)
2 c à soupe de beurre, margarine ou saindoux
1/2 c à thé de sel
1 tasse de sucre blanc ou brun
2 oeufs légèrement battus
2 tasses de farine tout-usage
1 c à thé de poudre à lever chimique
1/2 à 3/4 tasse de noix de grenoble ou pacanes hachées
1/2 c à thé de cannelle, de gingembre, de muscade et coriandre moulue

Dans un bol à mélanger à gâteau, déposer les dattes coupées, le beurre, le sel, le sucre, l'eau bouillante et bicarbonate de soude (soda). Brasser. Laisser tiédir.

Battre les deux oeufs et verser dans le mélange de dattes. Y incorporer les ingrédients secs tamisés. Brasser délicatement à la fourchette. NE PAS TROP BATTRE, car la texture du pain doit être grossière.

Verser dans un grand moule à pain ou deux moules de 8 x 3 po graissés et légèrement enfarinés.

Porter au four 350°F environ 60 à 70 minutes. Démouler sur une grille à pâtisserie. Refroidir complètement et envelopper dans un papier aluminium. Laisser "vieillir" au moins 24 heures. Se congèlent très bien.

Servir en minces tranches chevauchées et saupoudrées de sucre à glacer. On peut aussi trancher un peu plus épais et griller au grille-pain.

N.B.: Pour obtenir un pain aux dattes, aux noix et aux épices, ajouter à la pâte.

Gâteau aux fruits et
aux pacanes de la Georgie

Ce n'est pas un gâteau économique mais tranché mince et servi en petites bouchées saupoudrées de sucre à glacer, il vaut le coût et c'est un succès instantané à tout coup.

1 livre (2 1/2 tasses) de cerises confites, rouges et vertes
1 livre (2 1/2 tasses) d'ananas confits, coupés en dés
1 livre (3 tasses) de raisins blancs secs (golden raisins)
1 livre de pacanes (4 tasses)
4 tasses de farine
2 c à thé de poudre à lever chimique
1 livre (2 tasses) de beurre doux
4 c à thé de jus de citron
2 c à soupe de cognac
2 1/4 tasses de sucre
6 gros oeufs

Préparer les fruits confits, les raisins et les noix dans un grand bol à mélanger. Saupoudrer de 2 tasses de farine. Bien enrober les fruits et noix. Tamiser le reste de la farine, soit 2 tasses et 2 c à thé de poudre à lever chimique. Réduire en crème le beurre et le sucre, puis ajouter les oeufs, un à un. Bien battre entre chaque addition. Ajouter le jus de citron et le cognac. Bien battre et ajouter le reste des ingrédients secs tamisés. Verser la pâte sur les fruits et noix enfarinés. Bien mêler avec les mains afin de quitter toute trace de farine. Verser la pâte dans un gros moule tubulaire ou Bundt de 10 pouces de diamètre bien graissé OU 2 moules de 9 x 5 x 3 po ou 3 moules de 8 x 4 x 3 po graissés généreusement. Bien distribuer la pâte dans les moules et écraser la pâte avec le dos de la cuiller de bois.

Cuire sur la grille centrale du four à 275°F, environ 4 heures pour un gros gâteau et environ 2 heures pour les plus petits. Prévoir une lèchefrite contenant de l'eau chaude sur la grille inférieure afin de cuire le gâteau à l'humidité.

Lorsque cuit, sortir du four et déposer sur une grille à pâtisserie. Ne démouler que refroidi. Refroidir complètement et envelopper dans un papier aluminium ou dans une mousseline imbibée de cognac ou de bourbon ou de southern comfort. Déposer dans une boîte métallique qui ferme hermétiquement. Garder au frais. Peut se préparer 2 mois d'avance. Se congèle très bien et se garde 1 an.

Petites bouchées au chocolat et au beurre d'arachides

1/2 tasse de saindoux ou de margarine
1/2 tasse de beurre d'arachides, croquant ou nature
1/2 tasse de sucre
1/2 tasse de cassonade, bien tassée
1 oeuf
2 c à soupe d'eau
1 1/4 tasse de farine tout-usage
1/2 c à thé de bicarbonate de soude (soda)
1/2 c à thé de poudre à lever chimique
1/4 c à thé de sel
1/4 tasse de noix ou d'arachides salées ou natures
1/2 tasse de brisures de chocolat ou plus si désiré
1 sachet de brisures de chocolat (6 onces) mi-amer

Chauffer le four à 375°F. Mélanger le beurre d'arachides, la margarine et les sucres et réduire en crème. Ajouter 2 cuillerées à soupe d'eau. Battre. Incorporer les ingrédients secs tamisés, les noix et les brisures de chocolat. Verser la pâte très épaisse sur une tôle de 15 x 10 x 1 po graissée. Étaler la pâte uniformément. Cuire au four à 375°F pendant environ 20 minutes. Sortir du four. Placer la tôle sur une grille à gâteau et saupoudrer immédiatement le dessus de la pâte cuite avec un sachet de 6 onces de brisures de chocolat en les répandant uniformément. Recouvrir de papier aluminium. (Les brisures de chocolat fondront.) Cinq minutes plus tard, étendre le glaçage au chocolat ainsi obtenu avec la lame d'un couteau ou une spatule. Couper en carrés de 1 po. Garder au frais dans une boîte métallique. Saupoudrer légèrement de sucre à glacer avant de servir.

Les beignes à l'ancienne

C'est une petite recette de beignes qui va plaire aux débutants. Grand-mère Héroux suggère d'abaisser la pâte avec les paumes des mains.

2 oeufs
1 1/4 tasse de sucre
1 tasse de crème légère (15%)
3 c à soupe de graisse fondue
1 c à thé d'essence de vanille
1 c à soupe de brandy (facultatif)
3 1/2 tasses de farine tout-usage
1/2 c à thé de sel
1 c à soupe de poudre à lever chimique
1/4 c à thé de poudre de crème de tartre

Bien battre au fouet électrique les oeufs et le sucre jusqu'à formation du ruban ou d'une belle masse jaune pâle. Le sucre est bien fondu. Verser d'un trait la crème, la vanille, la graisse fondue et la cuillère de brandy (on mélange dans une grande tasse à mesurer les ingrédients précités). Bien brasser. Ajouter d'un trait les ingrédients secs tamisés. Brasser à la cuiller de bois. Le mélange épaissit, mais semble encore mouillé. Laisser en attente une dizaine de minutes. Dans un poêlon de fonte noire de 7 po, déposer 1 livre de shortening ou graisse végétale et faire fondre jusqu'à très chaud. Contrôler la chaleur car les beignes doivent cuire vite sans toutefois brûler ou s'imbiber de gras si le gras n'est pas assez chaud. Diviser la pâte en 3. Abaisser la pâte avec les paumes des mains ou au rouleau à pâtisserie à 1/4 à 1/2 po d'épaisseur. Ne pas écraser la pâte. Couper à l'emporte-pièce à beignes (de préférence un petit emporte-pièce de 2 po). Cuire en pleine friture, 5 beignets à la fois. Ne les tourner qu'une fois. Bien les égoutter sur un papier essuie-tout. Les saupoudrer de sucre à glacer. De préférence les congeler au très grand froid.

Ils se dégustent immédiatement chauds ou surgelés et passés au four quelques minutes.

Les biscuits croquants
au gingembre de Kris Kringle

Pour le temps de Noël et du Jour de l'An, couper les biscuits à l'emporte-pièce en petits bonshommes de pains d'épices ou en formes d'animaux.

Avant de mettre au four, sur la plaque à biscuits, pratiquer une ouverture à l'aide d'une paille à boire sur le coin des biscuits. Lorsqu'ils seront cuits, vous pourrez passer un petit ruban de papier fripé et faire une boucle ou des anneaux de ruban afin de suspendre les biscuits dans l'arbre de Noël.

Pour la Saint-Valentin, couper à l'emporte-pièce en forme de coeur, passer un ruban blanc, rouge ou rose.

2 1/2 tasses de farine tout-usage
1/2 c à thé de bicarbonate de soude (soda)
2 à 3 c à thé de gingembre moulu
1/4 à 1/2 c à thé de: cannelle, muscade, toute-épice
1/2 tasse de beurre mou
1/2 tasse de sucre
1 oeuf
1/3 tasse de sirop de maïs
1/3 tasse de miel liquide
2 c à soupe de mélasse noire
1 c à soupe de vinaigre blanc ou de cidre

Préparer et tamiser les ingrédients secs et les épices. Réduire en crème le beurre et le sucre. Ajouter le miel, le sirop de maïs et la mélasse ainsi que l'oeuf. Battre. Incorporer les ingrédients secs. La pâte sera épaisse. Façonner 3 boules et réfrigérer pendant au moins 6 heures. Rouler la pâte sur une surface enfarinée et saupoudrée de quelques cuillerées de sucre jusqu'à ce qu'elle soit très mince. Découper avec un coupe-pâte de la forme désirée. Déposer sur une tôle à biscuits légèrement graissée ou enduite de graisse végétale (vaporisée). Pratiquer une ouverture avec une paille à boire si désiré. Cuire au four à 375°F environ 8 minutes ou jusqu'à ce que les biscuits soient bien dorés. Les biscuits durciront au contact de l'air. Laisser refroidir sur une grille à gâteau. On peut les glacer avec une petite quantité de glace royale étendue avec un couteau. La glace sèche deviendra vitrée et dure.

Glace royale

Battre 1 blanc d'oeuf et 1 pincée de crème de tartre. Lorsque le blanc est bien monté, incorporer 1 3/4 à 2 tasses de sucre à glacer. Garder la glace royale sous un linge humide pendant que l'on glace les biscuits.

Le café à la cardamome

Préparer un café filtre ou percolateur en utilisant 1 cuillerée à soupe de café frais moulu par 7 onces d'eau bouillante. Ajouter des grains de cardamome blanche dans le cône du filtre ou le bac du percolateur. (Utiliser 5 à 6 gousses de cardamome écrasées). Laisser infuser et servir.

Le thé à la russe

Préparer une théière de bon thé noir en lui ajoutant 1 grosse feuille de laurier et quelques brins de thym frais. Infuser. Servir dans des tasses. Sucrer avec de la gelée de groseilles rouges ou de la gelée de cassis. Un délice!

Et pour ceux qui n'ont pas le temps...

On se lève tard, on ne mange pas de petit déjeuner parce que, par mauvaise habitude, on n'a tout simplement pas le temps... Allons, allons! À partir de maintenant vous allez croquer un beau fruit, cinq minutes avant de vous lever. Car à l'avenir vous déposerez toujours une petite assiette "en cas" sur votre table de chevet avec de beaux fruits bien luisants, un petit couteau à bout rond et une jolie serviette de table. Voilà! Il s'agissait d'y penser. On ouvre un oeil, on s'étire comme un chat, et croc!, on mord... le fruit. Vous êtes déjà moins à jeun et de meilleur pied pour attaquer la journée. Et pour ceux qui prétendent que le petit déjeuner gêne l'estomac le matin... foutaise! C'est peut-être tout simplement un peu de paresse. Non?

Si vraiment par paresse vous n'aimez pas préparer le café ou une boisson chaude le matin, pensez-y bien. Car une tasse d'eau chaude additionnée du jus d'un demi-citron fait des merveilles au niveau du foie, de la circulation et par le fait même vous rend un teint éclatant.

Et à l'heure de la fringale, l'avant-midi, c'est le temps de manger un bon muffin maison préparé la veille ou même il y a huit jours, à condition de les ranger au frais dans une boîte métallique ou un pot de verre. Ce muffin est facile d'apprêt et rempli de vitamines, protéines et minéraux. On peut varier les saveurs à l'infini. À la banane et noix, aux dattes, aux raisins secs, à la papaye rouge, aux carottes, au potiron ou à la citrouille, aux pommes fraîches ou à la compote de pommes, aux petites baies, et la liste est encore longue. Il s'agit d'y mettre une pointe d'imagination. On peut ajouter aux muffins, du son naturel, du germe de blé, des flocons d'avoine ou varier les farines afin de changer la routine alimentaire. Toujours la même règle à appliquer: Tamiser les ingrédients secs ou simplement les mélanger — battre les ingrédients liquide, oeufs, liquide et huile ou beurre fondu — et ne pas trop battre l'appareil, afin d'obtenir une texture grossière. Vaporiser les moules à muffins d'enduit végétal au lieu de graisser ou beurrer les moules, ainsi vous diminuez le compte des calories. La taille ou grosseur des moules est aussi importante, plus le muffin est petit, moins de calories.

Puis un morceau de fromage ou un yogourt, un verre de lait, comble l'apport de calcium quotidien. L'ostéoporose est toujours loin des gens qui se nourrissent bien.

Le petit déjeuner peut devenir le repas de la boîte à lunch. Échangez vos petits lunchs avec vos amis, vous verrez c'est amusant, différent et surtout très sain.

Bâtonnets de céleri, fenouil frais, carottes, poivrons jaunes, rouges et verts, fleurettes de chou-fleur et de chayotte ou courge mexicaine crue en petits bâtons ou dés.

Muffins au son

C'est une recette hypo-graisseuse.

1/4 tasse d'huile végétale OU beurre fondu
2 oeufs battus
1/2 tasse de mélasse ou miel liquide
1 1/2 tasse de farine de blé entier OU tout-usage
3/4 tasse de son naturel
2 c à soupe de germe de blé naturel
1 1/2 c à thé de poudre à lever chimique
1/2 c à thé de bicarbonate de soude (soda)
Pincée de sel
1/3 tasse de raisins secs
6 dattes, dénoyautées et coupées en menus morceaux
1/2 tasse d'eau froide et 1/2 tasse de babeurre

Mélanger les ingrédients secs, raisins, dattes et noix si désiré.

Battre les oeufs, l'huile ou le beurre fondu, l'eau et le babeurre.

Incorporer les ingrédients secs au liquide. Ne pas trop battre.

Répartir la pâte dans 16 moules à muffins préalablement vaporisés d'enduit végétal.

Cuire à four 400°F, environ 18 à 20 minutes.

Pain-éclair aux dattes et à l'orange

Dans le contenant du "blender" déposer 2 oeufs, 2/3 tasse de lait, 1 orange avec la pelure, coupée en morceaux, 3 c à soupe de beurre et 3/4 tasse de sucre. Broyer le tout en purée.

Mélanger 2 tasses de farine tout-usage, 1 pincée de sel, 1 c à thé de poudre à lever chimique, 1/2 c à thé de bicarbonate de soude et 1/2 tasse de noix hachées.

Verser la purée à l'orange sur les ingrédients secs. Ne pas trop battre.

Verser la pâte dans un moule à pain de 9 x 5 x 3 po graissé et enfariné.

Cuire à four 350°F, environ 70 minutes.

INDEX

ABATS

BREUVAGES

CHARCUTERIE

CRÊPES

Crêpes farcies aux oeufs durs et à la sauce au cari 138
Crêpes de pommes de terre du Nouveau-Brunswick 20
Gâteau de crêpes aux épinards et au jambon 136
Hotcakes OU crêpes à l'américaine 25

DESSERTS

Gelée au café 156
Postre de camotes (patates douces caramélisées) 48
Surprise gourmande de la Saint-Valentin 146

DIVERS

Aquavit (bouteille) en bloc de glace 94
Couronne de glace aux petits fruits 174
Dragées-souvenirs des mariés 192
Gelée au madère ou au porto pour glacer des canapés 179
Cerises à l'eau-de-vie 167
Liqueur à la framboise-maison 119

FRUITS

Coulis de fraises fraîches 168
Coulis de fraises cuites 168
Coupe d'abricots aux raisins noirs et verts 161
Fraises au sucre et au porto 146
Melon charentais aux petits fruits 67
Melon miel aux cerises à l'eau-de-vie 167
Melon rose et framboises au champagne (en flûte) 143
Nectar d'abricots ou de poires 53
Pamplemousse grillé au rhum 75
Pruneaux à l'eau-de-vie à la Gasconne 67
Suprêmes de pamplemousse et clémentines à
    la liqueur d'orange 108
Tranches d'oranges rafraîchies aux amandes 75
Yogourt nature aux fruits frais 53

FROMAGES

Fromage brie "jardinière" 191
Petcheno siréné (tartinade de fromage au paprika) 53

GÂTEAUX

GRANITES ET SORBETS

HORS D'OEUVRE

JAMBON

LÉGUMES

LÉGUMINEUSES ET GRAINS

OEUFS

PAINS

PÂTISSERIES

PÂTE À TARTE

POMMES DE TERRE

Lithographié au Canada
sur les presses de
Métropole Litho Inc.